監訳者まえがき

　本書原典『The Tibetan Book of the Dead（チベット死者の書）』（Evans-Wentz（エヴァンス-ヴェンツ）翻訳、Oxford University Press、1927 年）のチベット語原典である『Bardo Thodol』は、チベット仏教のテルマ（埋蔵経典）の一詞章です。チベットに仏教をもたらしたパドマサンバヴァ（8 世紀後半頃）と彼の弟子でありダーキニーであるイェシェ・ツォギェルが、将来にテルマの発掘者（テルトンといいます）が適切な時に発掘できるように、大地の中（サテル sa gter、大地のテルマ）や、弟子たちの心の中（ゴンテル dgongs gter、霊感のテルマ）に埋蔵した霊的宝物のことを、テルマと言います。

　正式名称を「バルドにおいて聴聞することによる解脱 (bardo thodol chen mo)」というこの詞章は、テルトン・カルマ・リンパが発掘したテルマ「寂静と憤怒の百尊を瞑想することによる自ずからの解脱 (zab chos zhi khro dgongs pa rang grol)」に含まれます。20 世紀初頭のインドを放浪する若き神智学者エヴァンス-ヴェンツ（1878–1965）は、この書と出会って英語に翻訳し、全世界に浸透しました。中世チベット世界に埋蔵されたテルマを現代世界に発掘した、言い換えると英語で語られるテルマを、彼は発掘したのかもしれません。

　チベット死者の書は、臨終の時から四十九日間にわたって死者の耳元で読み上げられる「枕経」でした。臨終から解脱または四十九日間かけて輪廻の輪に戻るまで、人間は、解脱[*1]への可能性をもつバルド（bardo 中有、中陰）を旅します。

　いきなりはじまった未知の旅を前にして戸惑い恐れている臨終直後の人間にこの書は、これからいつの段階で何を体験するか、そのときどんな選択をしたらいいかを教えてくれます。臨終から解脱へのルート選択が最善ですが、しくじったらそのステージごとに次善のルートを示し、全部失敗しても最後に輪廻の輪つまり生の世界の選択したステージへその人が戻るまでを、この本は案内します。

　バルドとは「中間」状態を意味します。本書は、バルドの各ステージとその出会いの驚異と歓喜にみちた時空間を経験しながら移動していく人のための旅行案内、「バルドの歩き方」と呼べそうですね。

　この書は、テルマとして理解される必要があります。

　「大地のテルマ」、山岳や岩石、洞窟等の自然や、寺院等人工物に隠された仏像や巻物等の物理的物体は、発見したテルトン（埋蔵経典発掘者）が霊感と学識によって解読し、その真の意味を言語化します。いっぽう「霊感のテルマ」はパドマサンバヴァの弟子たちの「心相続」の中に隠されていて、テルトンが霊感として自らの心に明瞭に生じたヴィジョンを、言語化し解釈して記述するものです。

　蝋燭に灯る炎は、蝋燭から蝋燭へと移されていくことで、先の蝋燭が燃え尽きても次の蝋燭によって炎は尽きることなく持続して在り続けますよね。そんな不滅の炎のように継承されていく心、つまり意識の連続体のことを「心相続（mindstream）」といいます。そしてテルトンの霊感は、仏教修行としての瞑想や明晰夢として得られることがよくあります。

[*1] 煩悩と業（ごう karma）と輪廻から解放されて自由の境地に達すること。

中世チベット世界の言説空間におけるバルドの語りは、現代世界の言説区間におけるそれとは異なります。それぞれの世界における表現、読者の心に同じ情報と意識変容をもたらす手段としてのそれらがどちらも正しいと言えます。大切なのは、本書の著者が体験したのであろうものと同じイメージの体験を読者が追体験すること、本書の著者が体験したのであろうものと同じ意識変容の体験をすること、つまりバルドを旅することです。

「光の色」はその例です。神智学者だったエヴァンス-ヴェンツによるチベット語原典から英語への翻訳におけるそれと、チベット語原典から日本語へ翻訳したチベット仏教学の碩学である川崎信定のそれとでは、各所で「光の色」が異なります。瞑想とヴィジョンにおける「光の色」へのこだわりの記述、おそらくは口伝の言語化は、19世紀終盤から20世紀初頭の神智学運動によるようです。神智学者エヴァンス-ヴェンツが英訳した「光の色」がその潮流に立脚することは、疑えないでしょう。いっぽう川崎信定は、チベット語原典とそのチベット学によって翻訳しています。言語的・文化的に正しいのは川崎信定訳であることは、間違いないように思われます。しかし、エヴァンス-ヴェンツが知りえたと推測されるチベット人とチベット文化における「口伝」ではどうだったか、そしてその「光の色」のイメージングが何をその中世以来の実践者らにもたらしたかは、軽々に推測することさえできません。仏教修行における核心的な事柄はかならず灌頂における口伝とすること、これは歴史上の人物としてのブッダ以来まったく不変の仏教伝統です。そんな口伝が訳による異同をもたらしている可能性は、否定できません。それ故、異同箇所については、エヴァンス-ヴェンツ訳を基本として、それへのコメントとして川崎訳を本文に記載しました。

米国におけるニューエイジ運動やヒッピー運動といった新しい文化・宗教潮流にふれた日本の若者たちが熱心に英語で本書を読み、あるいは日本語へ翻訳するようになりました。『チベットの死者の書：BARDO THÖDOL』（おおえまさのり訳、㫫書房、1973年）を嚆矢とするこの翻訳潮流は、1990年代に入ろうとする頃の『チベットの死者の書：原典訳（こころの本）』（川崎信定訳、筑摩書房、1989年）を契機に定着し、『三万年の死の教え：チベット『死者の書』の世界』（中沢新一著、角川書店、1993年）と『チベット死者の書：仏典に秘められた死と転生：NHKスペシャル』（河邑厚徳、林由香里著、日本放送出版協会、1993年）によってそれは極点に達しました。1995年のオウム真理教事件以降一時的に低下した同書への社会的関心は、2011年の311以降ゆっくりと進行する宗教と社会の関係のラジカル[*2]な変化を背景に、再び高まりつつあります。

チベット仏教とチベット文化に対する現代世界の関心は、"Lost Horizon" (James Hilton, Macmillan, 1933) に始まりました。これは「地続きの神秘」である聖なる世界チベットと、世俗世界であるこちらとの往還を描く作品です。しかしその後の国際情勢と文化・宗教の変化は、チベットとその文化・宗教を、近代革命のような批判的かつ破壊的な自己投企によってしか至ることのできない完全な異界として扱うか、何の変哲もない帝国の周縁として扱うか、いずれかに分化させていたといえます。再び大きな変化が世界に訪

[*2] ラジカル radical は「根本的な」「徹底的な」「急進的な」を意味し、理系では「根」や「不対分子をもつ分子・原子」を指します。

れようとしている今、本書『抄訳 チベット死者の書』は、「地続きの神秘」としてのバルド、チベットの文化と仏教そして生と死の世界を、日本の読者に届けることになります。

　これは日本における近代オカルティズム・近代神秘主義の史的展開が、新たな段階に突入しつつあることの証左でもあります。1900 年頃に成立した「近現代日本の民間精神療法」という医療・宗教・文化運動として始まったこれは、現在の東京大学に存在した駒場寮（1935–2001 年）とその人脈をほぼ唯一の震源地として通時代的に生起し、近代日本社会と文化そして政治さえ領導してきたこれには、二つの潮流が現在まで継続しています。

　第一にそれは、近代科学技術の有する唯一無二の特徴、「真理や倫理といった文化的政治的束縛から解放されていることによって現実世界をどのようにも改変できる」という特徴を、近代科学技術だけでなく自分たちも有するのだという確信に基づいた運動の伝統です。これは、近代革命の思想に通じるものです。つまり、1848 年世界革命の後に出現したドイツ・ロマン主義、ロシア革命をはじめとするマルクス主義革命、1968 年世界革命とその波及的諸革命、そして現代の様々なオカルト的革命思想とその実践としての政治経済活動に、それは共有されています。1945 年まで天皇すなわち宇宙の真理と観念されたと自己を一体化する文化・政治運動となったそれらの多くは、大日本帝国の滅亡と運命をともにしました。しかしその思想と実践は絶えることなく、1980 年代後半以降にはエコロジー思想と結合することでグローバル化と政治権力への浸透に成功し、2020 年代にもその諸運動体は活発に活動中です。

　そして第二に、上記の革命思想を「自分の生命」を契機として克服し、精神的身体的霊的束縛から解放されて健康に自由になっていこうとする、近代個人主義と人格の尊厳の観念に基づく思想・実践の潮流でもあります。野口整体や REIKI、そして多種多様な身体技法・民間精神療法の実践者とその運動体は、全世界で今もこれを追求しています。20 世紀初頭のインドに持ち込まれた神智学とその思想・実践は、インド・ナショナリズムという政治思想・運動を構築し、1900–40 年代におけるインド独立運動の重要な支柱となりました。これについても、日欧米の学究による研究が 2010 年代から多数発表されるようになりました。近現代インドの言説空間、特に政治と文化にも、この二つの傾向は色濃く反映されていることが、それらの研究からも明らかになっています。

　以上については、『神智学と仏教』（吉永進一、法藏館、2021 年）や『近現代日本の民間精神療法』（吉永進一他編、国書刊行会、2019 年）に、特に詳しく述べられています。ここ 15 年で世界の宗教研究の主流となっている近代オカルティズム・近代神秘主義に関する研究について、さらに詳しく知りたい方は、Western Esotericism 一般や吉永進一（1957–2022 年）といったワードでインターネット検索をすると、理解のために必要な文献がわかります。

　本書は、これまでの政治文化宗教的経緯から自由な状態のまま『チベット死者の書』を読みたい方のために翻訳されました。このため、従来書なら必ず大量につけられている「解説」を訳出あるいは執筆してはいません。原典に描かれた「バルド」でのさまざまな時空間とその体験、その攻略法の部分のみを訳出しています。

　翻訳実務は、翻訳家の豊島実和氏とその仲間たちによってなされました。また、出版に際しては暗黒通信団のシ氏、五代幻人氏のご尽力をいただきました。監訳は、宗教学や医

療人類学の研究者である田野尻哲郎が担当しました。そして、これらはすべて先行する『チベット死者の書』英語訳と日本語訳ほぼすべてに準拠して遂行されました。この翻訳に人々を益するところがあれば、それはすべて先達としての先行翻訳者達、豊島実和氏とその仲間たち、暗黒通信団のシ氏、五代幻人氏によるものです。もし誤りがあれば、それはすべて田野尻哲郎の怠慢によるものです。本書を必要とする多くの人のもとに、本書とそのバルドの歩き方のイメージが、仏教の歴史を通してすべての修行者に共有されたそれらと寸分違わぬ体験が、届きますように。

　タシデレ（吉祥あれ）！

　　あなたはあなた自身の心の法身 (dharma-kāya)[a] を見るだろう。それはすなわち、全て（つまり、無限の幻影、生死輪廻、そして解脱の境地）を見るということである。

ミラレパの言葉

『ジェツン・カンブン (Jetsun-Kabum)』より

---

[a] 三身（法身、報身、応身）の一つで、真理そのものとしてのブッダの本体であり、色も形もない真実そのものの体のこと。

第一巻
死の瞬間の中有（チカエ・バルド）と
本質と出会う中有（チョニエ・バルド）

　『寂静尊と忿怒尊を思って瞑想を行うことで解脱を実現するための教え』より、中有[*3]において存在の本質と向き合うための方法を、ここに記す。それはすなわち、死後に聴聞によって、解脱という素晴らしい境地に至るための方法である。

冥土からの使者

　　思慮が浅く、注意力のない人々は皆、
　　冥土からの使者が目の前に現れたとき、
　　俗世の人間の肉体の中にあって
　　長く猛烈な苦しみに襲われることとなる。
　　善良で、徳の高い人々は皆、

[*3] 訳注：これまでの生と次の生または解脱との中間にある状態。

冥土からの使者を前にしても
分別を失わず、注意深く振る舞う。
執着を手放せず、恐れを抱いたままの人々は、
生と死の繰り返しから逃れることができない。
執着を手放すことができた人々は、
生と死の繰り返しから解き放たれる。
そのようにして俗世を離れた人々は、
心安らかな、幸福な存在となる。
彼らは、どのような罪とも、どのような恐れとも、もはや関わりなく、
あらゆる苦悩から解放された存在なのだ。

『増支部』（ぞうしぶ、Anguttara-Nikāya）[a] より

---

[a] 仏教のパーリ語経典の経蔵を構成する「五部」の第 4 番目の「部」（nikāya ニカーヤ）のこと。

帰依

無限の光であらせられる法身。
蓮華部の寂静尊と忿怒尊というお姿をとられる報身。
パドマサンバヴァとして蓮華の花からお生まれになり、衆生の守護者となられた化身。
これら仏の三身に、そして師に、私は帰依します。

本経典について

『聴聞による解脱についての大経典』には、一般的な人々が中有において解脱を実現する方法が記されている。構成は、序論・本論・結論からなる。

まずは序論に書かれている一連の教えの通りに実践を積み、それを身に付けることである。

転移

高い能力を持つ人々は、序論の教えによって、ほぼ確実に解脱に至ることができるだろう。もしも解脱が叶わなかった場合には、死の直後の中有（チカエ・バルド）において、転移[*4]を行うことである。これを覚えてさえいれば、その人は解脱を実現することができる。

一般的な人々も、転移を行えば、ほぼ確実に解脱に至ることができるだろう。しかし、もしも解脱が叶わなかった場合には、本質と出会う中有（チョエニ・バルド）において、『聴聞による解脱についての大経典』を聞くことで解脱を実現することだ。

---

*4 訳注：ポワ「意識の転移」ともいう。

まず行うべきことは、『死の徴候の観察による解脱』に従って、死に向かう自らの身体に徐々に現れる徴候をしっかりと観察することである。そして、死の徴候が全て現れたときに、転移を実行するのである。この転移の手順を覚えていれば、解脱に至ることができるはずだ。

本経典の読誦について

転移が成功した場合には、本経典を読み上げる必要はない。しかし、転移がうまくいかなかった場合には、死者の傍で、本経典を正確にはっきりと読み上げるべきである。

その場に遺体がない場合には、死者が生前に使っていた寝床や椅子に座り、これから読み上げる経典は真実について述べたものであり、力を持つものだと宣言する。そして、死者の魂を呼び出し、その人が目の前で耳を傾けている様子を思い浮かべて、経典を読み上げる。その際に、死者の親族や親しい友人が涙を流していたり、嘆き悲しんでいたりするという状況は、死者にとって好ましくないため、そのような行為は厳に慎んでほしいと伝える。

その場に遺体がある場合には、息を引き取った瞬間に、死者が信頼を寄せていた師僧か、信仰を同じくする仲間、あるいは深い友情で結ばれていた友人が、触れない程度に遺体の耳元に口を近付け、本経典を読み上げる。

本経典を実際に用いるにあたって

ここで、『聴聞による解脱についての大経典』について、説明を行う。

豪勢な供物を用意することができるのであれば、三宝（仏、法、僧）*5 にそれを捧げる。もし豪勢な供物が用意できないのであれば、自分の思いを込めるものとして、できる限りの供物を用意し、それを心の中ではこの上なく豪勢な供物であると考えて供えなさい。

そして、「諸仏・諸菩薩の加護を祈願する文」を七遍もしくは三遍、唱える。

それから、「中有における恐怖に打ち勝つために守護を祈願する文」と「中有において難所を無事に乗り切ることを祈念する文」とを、はっきりと正しい読み方で唱える。

その後、『聴聞による解脱についての大経典』を、状況に応じて七遍もしくは三遍、唱える。この経典では、まず、死の瞬間の中有（チカエ・バルド）において現れる死の諸徴候について説かれる。次に、本質と出会う中有（チョニエ・バルド）において思い起こすべきことが明確に示される。そして最後に、転生に向かう中有（シパ・バルド）で、胎内への扉を閉ざす方法が述べられる。

---

*5 原典に Trinity とあるが川崎訳に倣った。

第一部　死の直後の中有（チカエ・バルド）

チカエ・バルドの第一段階のための、死の徴候についての教え：死の瞬間に見える第一の眩い光について

　はじめに、死の瞬間の中有において出会う眩い光について述べる。

　仏の教えをたくさん聞いてきたがまだ理解していない人々、あるいは、表面的に理解はしているもののまだ不十分である人々がいるだろう。しかし、いかなる段階にある人であっても、一連の指南書に示される実践的な教えを学び、それを実際に行うことができれば、第一の眩い光を見ることができる。そして、中有の段階を経ることなしに、上方へと一直線に伸びる道を進み、二度とこの世に生まれ変わる必要のない法身を手に入れることとなる。

　これを実践するための方法を以下に記す。

　最も望ましいのは、死者が生前に教えを受けていた師僧に立ち会ってもらうことだが、それが叶わない場合には、信仰を同じくする仲間に立ち会ってもらうとよい。それも叶わない場合には、信仰を同じくする識者に立ち会ってもらうのがよいだろう。この全てが不可能である場合には、本経典を正しくはっきりと読むことができる人物に臨席してもらい、繰り返し声に出して読んでもらうことである。そうすれば死者は、生前に聞いていた教えを思い出し、第一の眩い光を直ちに認識し、確実に解脱に至るであろう。

　次に、いつ、この方法を実践するべきなのかを記す。

　死者が最後の息を吐き終えた瞬間に、生命の風が、生命のルン（風、気）に入り込む。そのとき死者の心は、考えること（戯論）をやめたまっさらな状態となり、眩い光となる。その後、生命の風が逆流して左右の脈管に入ると、その瞬間に中有が始まる。

　上に記した手順は、生命の風が丹田のチャクラを通って左の脈管[*6]に流れ込んでしまう前に実行しなくてはならない。

　生命の風が左の脈管に流れ込むまでは、まだ体内に息が残っている。それは一般的には食事をとるのにかかる程度の時間である。

　では、その手順についてさらに詳しく述べる。

　呼吸が今にも絶えようとしているときに、転移に成功すれば、それが最善である。しかしそれがうまくいかなかった場合には、死者に向かって次のように呼びかける。

> 　善良なる者、○○（ここに死者の名前を入れる）よ、あなたが真理の道を求めるべきときがやって来ました。あなたは今、息絶えようとしています。あなたは以前に、眩い光について師僧から聞いているはずですが、それをこれから、本質の中有において見ることになります。本質の中有では、あらゆるものが空であり、雲一つない晴れた空のような存在となります。裸の無垢なあなたの知性[*7]は、透き通る真

[*6] 伝統チベット・インドでは、ルンやプラーナといったエネルギー的流体が流れる管と、血液など生理学的流体が流れる管を区別しない。

[*7] 川崎訳では逆だが「intellect」を「知性」とし「consciousness」を「意識」とした。

空になります。その真空には中心もなければ周囲との境目もありません。そうなったら、あなたは自分自身でそれを理解し、その状態に留まるようにしてください。

私も、そのときが来たら、あなたに知らせましょう。

これを、死にゆく者の耳元で何度も繰り返して読む。息が絶える前から読み、死にゆく者の心に刻み込む。

息が絶えるときが近づいたら、右側を下にする「横たわる獅子の姿勢」に寝かせる。そして喉の左右の、脈打っている脈管を押さえる。

もしも死にゆく者が眠りに落ちてしまいそうになったならば、阻止しなくてはならない。そのために、脈管を優しく、しかししっかりと押さえる。そうすれば生命の風は、中央の脈管から逆流することがなくなり、確実に、頭頂部のブラフマンの孔[*8]を通って体外へと出ていく。この場面では、本書の教えがとても重要になる。

このとき、どのような人にも、本質の中有（チョニエ・バルド）の眩い光を初めて目にする機会が訪れる。この光は、法身の真の心である。

吐く息が途絶えてから、最後の息を吸うまでの間、生命の風は中央の脈管に留まっている。

一般的に、死者はこのとき、意識[*7]を失った状態であるとされている。その状態が保たれる時間の長さは一定しておらず、死者の性質の善悪や、脈管と生命の風の状態によって変わる。瞑想において安定した穏やかな状態（禅定）を少しでも体験したことのある者、健やかな脈管を持つ者においては、この状態が長く続く。

この状態が続いている間ずっと、上に記した通りに死者への呼び掛けを繰り返す。死者の体の様々な器官の孔から黄色い液体が流れ出てくるまで、繰り返すべきである。

生前の行いの悪かった者、脈管が不健康な者においては、この状態は指をパチンと鳴らす程度の短時間で終わってしまう。ただし先ほども書いたが、人によっては、この状態は食事をとる程度の時間、継続するものである。

様々な経典に、この気を失った状態は三日半にわたって続くと書かれている。また、四日間続くとしている経典も多い。その間ずっと、眩い光が現れた際にどうすべきかを説いた教えの通りに行動しなくてはならない。

その方法を、以下に記す。

もし、死にゆく者が自ら死の徴候を確認することができるのであれば、その者自らがこの知識を持って光に向かうべきである。死にゆく者が死の徴候を確認できないようであれば、その者の師僧、またはその弟子、あるいは信仰を同じくする親しい仲間が傍に寄り添い、順々に現れる死の徴候を、その順序に従って、はっきりと本人に伝える。その場合、初めに伝えるべきことは、次の通りだ。

　今、地が水に溶け込むという徴候が現れました。

死の徴候の最後のものが現れる直前に、死にゆく者の耳元で、低い声で次の言葉を聞か

---

*8 伝統中国医学の「天会（てんえ）」、またはチベット・インドの「サハスラーラ・チャクラ」に相当する部位である。

せ、決意を促す。

　　善良なる者よ（相手が僧である場合には「尊師」と呼び掛けるとよい）、あなたの
　　心が揺らぐことがないように努めるべきときが来ました。

　もし、死にゆく者が、信仰を同じくする仲間や、他の友人であるならば、その人の名前
を呼んだあとで、以下のように語り掛ける。

　　善良なる者よ、今、死と呼ばれるものが、あなたのもとを訪れようとしています。
　　次のように念じて、心を決めてください。「死ぬときが来た。この死をうまく利用
　　して、私は完全なる悟りを得る。無限に広がる天の下に住む、生きとし生けるもの
　　全てのために、彼らへの慈愛と慈悲とをもって、私の持てる全ての力を注ぎ、完全
　　なる悟りを得るのだ。」
　　　このように念じたならば、特に、死の直後に法身の眩い光を目にした瞬間に、自
　　分は今、生きとし生けるもの全てのために、その法身の光を理解できる状態にある
　　のだということを自覚してください。自分が、マハームドラー（大印契）から最大
　　の恩恵を受けられる状態にあることを自覚し、次のように念じて心を決めるので
　　す。「もしマハームドラーを手に入れることができないとしても、私はこの中有を
　　理解し、中有において統合された偉大なる身体を手に入れる。そして、全ての生き
　　とし生けるもののために、適切な姿をとって現れ、天に果てがないのと同様にその
　　数に限りがない衆生のために力を尽くそう。」
　　　この決意を、強く持ってください。そして、生前に捧げていた祈りを思い出して
　　ください。

　死にゆく者の耳元に口を寄せて、正確にはっきりと、以上のことを読んで聞かせる。死
にゆく者の心が、一瞬たりともさまようことのないように、しっかりと伝えることである。
　死にゆく者が最後の息を完全に吐き終えたら、眠りをもたらす脈管をしっかりとおさえ
る。そして、相手が高僧であったり、自分よりも学識の高い人物であったりする場合に
は、次のように呼び掛ける。

　　尊師よ、あなたは今、第一の眩い光を経験しています。その状態に留まるようにし
　　てください。

　それ以外の相手に対しては、次のように語り掛ける。

　　善良なる者、○○よ、聞いてください。あなたは今、真実の眩い光を経験していま
　　す。そのことに気付いてください。善良なる者よ、あなたの知性は今、本質のまま
　　の空であり、色や形、特性といったものを持ちません。その空の状態は法身そのも
　　のであり、それこそが知性の本来の姿なのです。
　　　あなたの知性が空であるということは、あなたの知性が無であるということでは
　　ありません。あなたの知性が本質のままの姿であるということは、何物にも妨害さ
　　れず、生き生きと輝き、喜びに満ちているということです。そしてそのとき、あな
　　たの意識は法身そのものなのです。

いかなる形もとらず、本質的に空であるあなたの意識と、光り輝き喜びに満ちているあなたの知性とは、不可分のものです。その二つが結び付いたものが、完全な悟りであり、すなわち、法身そのものなのです。

　　光り輝くあなたの意識は、本質的には空であり、眩い光である偉大なる身体から切り離すことができません。そのようなあなたの意識とは、生まれることも死ぬこともないものであり、無量の光を放つ阿弥陀仏そのものです。

　　それを知ることができれば、それで十分です。空であるあなたの知性が仏そのものであることを理解し、その知性があなたの意識なのだと知るのです。そうすることで、あなた自身を仏の御心の中に置くことができます。

　この内容を正しい発音ではっきりと、三遍あるいは七遍繰り返して聞かせる。それによって死にゆく者の心は、第一に、生前に受けた師僧の教えを思い出す。第二に、自身のありのままの姿の意識を眩い光として認識することができるようになる。そして第三に、そのように自身を理解することによって、法身との永遠の結合を手に入れ、確実に解脱に至るだろう。

チカエ・バルドの第二段階についての教え：死の直後に現れる第二の眩い光

　上に記した第一の眩い光を認識することができれば、その者は解脱に至る。しかし、第一の眩い光を認識することができなかった場合、ほぼ確実に、第二の眩い光が死者の前に現れる。第二の光は、死者が最後の息を吐き終えたあと、一回の食事にかかる時間よりもやや長い時間がたってから現れる。

　死者が生前に善業を積んだか悪業を積んだかによって、生命の風が右か左かのどちらかの脈管に流れ込む。そしてその風は、体のいずれかの孔から出ていく。すると、死者の心は澄んだ状態になる。

　第一の眩い光[*9]は、一回の食事にかかる程度の時間にわたって続くが、これは脈管の状態の良し悪しや、生前に訓練を積んでいるかどうかで変わってくる。

　死者の意識は、体の外に出ると「私は死んだのか。それとも死んでいないのか」と自問する。死者自身には判断がつかない。死者には、生前と同じように、親戚や親しい人々の姿が見えるし、彼らの嘆きの声も聞こえる。業によって引き起こされる恐ろしい幻覚は、まだ見えていない。閻魔が送り込んでくる恐ろしい幻影もまだ現れず、閻魔が引き起こす恐ろしい体験もまだ起きてはいない。

　高僧、あるいは本経典を読み上げる者は、この間に死者に教えを授けるべきである。

　修行者には、完了の段階にある者と、視覚化の段階にある者とがいる。完了の段階にある者に対しては、その名前を三度呼び、上に記した眩い光の出現についての教えを何度も繰り返し聞かせる。視覚化の段階にある者に対しては、導入のための説明文と、その者の守り本尊に向けて瞑想を行うための文言とを読み上げてから、以下のように語り掛ける。

---

*9 訳注：原典に primary と書かれているが、ここは第二の光の話をすべき箇所ではないかという気もしないでもない。

善良なる者よ、あなたの守り本尊（ここで、その守り本尊の名を言う）を思って、瞑想を行ってください。気を散らさないように、守り本尊に意識を集中させて瞑想してください。その御姿を、見えてはいるが実体がない、水に映る月影のようなものとして思い浮かべます。次に、その御姿を、物質的な身体を持っているものとして思い浮かべます。

　このように伝えて、死者に、すべきことをきちんと理解させる。

　もし、死者が一般的な人であるならば、「観音菩薩を思い浮かべて瞑想してください」と伝えることだ。

　このような教えを授けることで、助けなしではとうてい中有を認識できないであろう人々も、確実に中有を認識することができるようになる。

　生前に、本質の中有について師僧から教えを受けていた者であっても、十分に訓練を積んでいない場合には、自身の力のみで中有を認識することは不可能だろう。その場合は、師僧、もしくは信仰を同じくする仲間が語り掛け、しっかりと教えを伝え直す。

　この教えに精通し訓練を積んだ者であっても、死の原因となった病の苦痛のせいで、幻覚に耐えられない精神状態に陥っていることがある。そのような場合も、このような導きが不可欠となる。

　また、この教えに精通し訓練を積んだ者であっても、戒律を破ったり、重要な義務を怠ったりしたために、悲惨な状態に陥る可能性が高い場合がある。そのような者たちに対しても、この導きが不可欠である。

　中有の第一段階で解脱に至ることができるのであれば、それが最善である。しかし、それが叶わなかった場合は、中有の第二段階において、この方法で死者に呼び掛ける。そうすれば、死者の知性が目覚め、解脱が可能になる。

　中有の第二段階においては、死者の体は、輝く幻の身体と呼ばれるものになる。

　死者は、自身が死んでいるのか死んでいないのか、わからずにいるが、死者の心は澄んだ状態となる。死者がその状態にある間に、この教えの通りに実践することができれば、母なる法性（根本的本質）と子なる法性（この世で認識可能な本質）とが出会い、死者は業の支配から逃れることができる。あたかも太陽の光が暗闇を圧倒するかのごとく、道の上に差す眩い光が業の力を奪うのである。

　中有の第二段階は、死者の意識によってできた身体[*10]の前に現れる。意識によってできた身体とは知性のことであり、その身体は一定の限られた範囲内においてのみ活動する。この期間に、この教えを効果的に実践に移すことができれば、目的が達成される。業の引き起こす幻覚がまだ現れていないので、死者は、解脱を達成するという目的から注意を逸らされずに済む。

---

*10 訳注：意成身（いしょうしん）、意によって成立している身のこと。

第二部　本質と出会う中有（チョニエ・バルド）

中有の第三段階（チョニエ・バルド）において、業の引き起こす幻覚が現れる中で、本質を体験することについての教え

　たとえ第一の眩い光を認識することができなかったとしても、第二の中有で眩い光を認識することができれば、解脱に至ることができる。しかし、それも叶わなかった場合には、チョニエ・バルドと呼ばれる第三の中有が現れる。

　この中有の第三段階においては、死者は、業の引き起こす幻覚を見る。チョニエ・バルドでの体験についてのこの教えは非常に重要なもので、大きな力を持ち、多くの恩恵をもたらす。

　この頃になると、死者は、自分の膳が下げられ、衣服が脱がされ、寝床が片付けられているのを目にする。友人や親戚の泣き声や嘆き声が聞こえてくる。死者は彼らの姿を見ることができ、彼らが自分を呼んでいる声を聞くこともできるのだが、死者が彼らに呼び掛けても、その声は彼らに届かない。そのため死者は落胆し、その場を離れる。

　そのとき死者は、音と光と光線を、三つ同時に経験する。これらは死者を畏れさせ、怖がらせ、怯えさせ、激しく疲労させる。この瞬間こそが、本質を体験する中有についてのこの教えを伝えるべきときである。死者の名を呼び、次の内容を正しくはっきりと伝えることだ。

　　善良なる者よ、気を散らさないように、一心に聞いてください。中有には六つの種類があります。それは、母の胎内にいるときの自然な状態の中有、夢を見ている状態の中有、深い瞑想を行っているときの三昧（雑念がなく落ち着いて安定した状態）の中有、死の瞬間の中有、本質を体験するときの中有、この世に再び生まれる過程の中有、の六つです。

　　善良なる者よ、あなたはこの中の三種類の中有を経験します。それは、死の瞬間の中有、本質を体験する中有、再生へと向かう中有です。あなたはすでに、この三つのうちの、死の瞬間の中有を、昨日まで経験していました。本質の眩い光があなたの目の前に現れたのですが、あなたはそれをとらえることができませんでした。そのため、あなたは今、ここまで来ているのです。あなたはこれから、残りの二つの中有、チョニエ・バルドとシパ・バルドを経験することになります。

　　私がこれから伝える教えを一心に聞いて、それを心に留めてください。

　　善良なる者よ、死と呼ばれるものが、今やって来ました。あなたはこの世界から旅立とうとしています。しかしそれは、あなた一人ではありません。死は全ての人のところにやって来るのです。愛着や弱さのために、この世の生に執着してはなりません。あなたが弱さのために執着したとしても、ここに留まることはできないのです。この輪廻の世界においては、人はさまようことしかできません。この世に執着せず、心を強く持ちなさい。三宝を思い続けるのです。

　　善良なる者よ、チョニエ・バルドで、どのような恐ろしいものに出会ったとしても、私がこれから言う言葉を忘れないでください。これらの言葉を心に留めて、先

に進んでください。これらの言葉は、中有での体験を理解するのに不可欠な、大切な秘訣です。

> 「ああ、本質を体験する中有が、難解な姿で私の前に現れようとしています。
> 何が現れたとしても、恐れや畏怖の念に駆られることなく、
> どのようなものが見えても、それは私自身の意識の投影であると気付くことができますように。
> それが、中有において見えるものの本質なのだということを理解できますように。
> 偉大な目的を達成するための好機である、この重要な瞬間に、
> 私自身の意識が形をとったものに他ならない、寂静尊や忿怒尊の群れを恐れずに済みますように。」

これらの言葉を何度もはっきりと唱えてください。唱えながら、これがいかに重要なことであるかをしっかりと意識します。善良なる者よ、そのようにして前に進むのです。そうすれば、恐れや畏怖の念を呼び起こすものがどのような姿で現れたとしても、必ずやそれを正しく認識することができるでしょう。それが大切な秘訣なのだということを、忘れないでいてください。

善良なる者よ、あなたの体と心が離れたときに、あなたは裸のままの本質を垣間見たはずです。それは、とらえづらい一方で、光を放ち、明るく、目が眩むほどまぶしく、畏怖の念を起こさせるような輝きを持っていましたね。その姿はまるで、春の自然を背景に波のように揺らめき流れ続ける蜃気楼のように見えたでしょう。それを見て、ひるんだり、恐れたり、畏怖の念を抱いたりしてはなりません。それは、あなた自身の本性が放つ光なのです。それを理解することです。

その光の中心部から、本質が発する純粋な音が聞こえてきます。一千もの雷が同時に轟くような、すさまじい音です。しかしそれは、あなた自身の本性が発する音なのです。それを聞いて、ひるんだり、恐れたり、畏怖の念を抱いたりしてはなりません。

今あなたが持っている体は、意識によってできた身体（意成身）と呼ばれるもので、あなたの生前からの記憶（習気）によって作り上げられたものです。今のあなたには血肉によってできた物質的な体はないのですから、いかなる音も光も光線も、その三つ全てをもってしても、あなたを傷付けることはできません。あなたはもう、死ぬことはないのです。そのようなものが現れても、それはあなた自身の意識が形をとったものにすぎないのだということを知っていれば、それで十分です。これが中有というものなのだと、理解してください。

善良なる者よ、あなたが今、自分が目にしているものは自分の意識の投影なのだということを理解していないのであれば、生前に人の世でいかなる瞑想や祈りを実践していたとしても、この教えに出会っていなければ、あなたは光にひるみ、音を畏怖し、光線を恐れることになるでしょう。この教えの大切な秘訣を理解せず、音や光や光線が何であるかを理解できなければ、あなたは輪廻の世界をさまよい続け

ることになるでしょう。

一日目から七日目までの、寂静尊の現れ

　一般的な人々がそうであるように、今回の死者も業の影響を受けていて、十分に教えを受けているにも関わらず、四十九日間、中有を経験しなければならないと仮定する。中有では初めの七日間にわたって寂静尊が現れる。この間、死者は、毎日試練を受け、危険にさらされ、それらに打ち勝つ努力を続けなくてはならない。ここからは、その詳細を死者に向けて説明していく。ここで「一日目」とされているものは、その内容から判断して、「死者が自らの死を自覚して、自分が再生に向かっているのだと気付くことが通常期待される日」のことであろう。つまり、死後およそ三日半後から四日後のことを指していると考えられる。

一日目

　善良なる者よ、あなたは三日半の間、気を失っていたのです。意識が戻ってすぐに、あなたは「一体何が起きたのだろう」と思うでしょう。

　中有を理解できるよう、努力してください。中有においては、人の世で経験してきたこととは全く違うことが起きます。あなたは輝く光や仏の姿を目にするでしょう。天が深い青色に見えるでしょう。

　そして、中央にあり、あらゆるものの種をまく場であると言われる法界から、尊い毘盧遮那（大日如来）が現れます。毘盧遮那仏は色が白く、獅子を模した座に腰掛けて、手には八輻の法輪を持ち、天の母であるイシュワリに抱かれています。その毘盧遮那仏が、あなたの方へとやって来ます。

　青い光が見えますが、それは、根源状態まで分解された自らの意識の集合体です。

　法界の叡智が、父でもあり母でもある毘盧遮那仏の心臓から、あなたに向けて放たれます。それは青く輝き、透き通り、目が眩むほど強い光で、そのあまりの眩さに、あなたはそれを直視することができないでしょう。

　その青い光と共に、天の神々から送られた白い光が現れます。そのぼんやりとした光は、あなたの正面からやって来ます。

　悪業の影響によって、法界から差す叡智の青い神々しい光を見て、あなたは恐怖を感じます。そしてその光から逃れたいと思うでしょう。あなたは、天の神々から送られる白くぼんやりとした光に惹かれるでしょう。

　このとき、目が眩むほど輝く青い神々しい光に対して、畏怖の念を抱いてはなりません。その光を見て、驚く必要はないのです。それは、如来から送られている光であって、法界の叡智の光と呼ばれるものです。あなたの信仰の気持ちを、その光に向けてください。その光が尊いものであると信じて、その光に向けて祈るのです。中有の難所に差し掛かったあなたに会いに来てくれた、尊い毘盧遮那仏の心臓から発せられている光なのだと理解してください。その光は、毘盧遮那仏の慈悲の光なのです。

　天の神々から送られてくる、ぼんやりとした白い光に心を惹かれてはなりませ

ん。その光に執着してはなりません。心を強く持ってください。もし、この白い光に執着してしまうと、あなたは天の神々の住処へと迷い込み、六道（天道、人間道、修羅道、畜生道、餓鬼道、地獄道）に生まれ変わる輪廻へと引き込まれてしまいます。それは、あなたの解脱の道を妨げるものです。白い光を見てはなりません。深い信仰の心をもって、眩い青い光を見つめるのです。そして、これから私が唱える通りに、毘盧遮那仏に向かって一心に祈ってください。

> 「ああ、私は愚かさゆえに輪廻の世界をさまよっています。
> 　法界の叡智の光が輝く道に
> 　尊い毘盧遮那仏が導いてくださいますように。
> 　無限の天空にあらせられる母イシュワリが、私を後ろからお守りくださいますように。
> 　中有の難所を無事に乗り切ることができますように。
> 　完全な仏の境地にたどり着くことができますように。」

　強い信心をもって、熱心にこの祈りを唱えることで、あなたは、虹色に輝く光の輪の中で毘盧遮那仏の心臓に溶け込み、中央の法界において、報身を得て仏となることができるでしょう。

二日目

　しかし、この教えを受けても、怒りの力や業の妨げによって、眩い光に驚いて逃げてしまったり、祈りを唱えても幻覚に圧倒されてしまったりすることがある。その場合は、二日目に、金剛薩埵（Vajra-Sattva ヴァジュラサットヴァ）とそのお供の神々が現れる。また、地獄へ行くような悪業を犯した者には、その報いもやって来るだろう。

　そのようなときは、死者の名前を呼んだあとに、次の教えを伝える。

　善良なる者よ、気を散らさずに、よく聞いてください。二日目には、ありのままの姿の水が、輝く白い光となって現れます。それと同時に、深い青色に包まれた東方の妙喜国から、尊い阿閦如来が金剛薩埵の姿でやって来ます。金剛薩埵は色が青く、手には五鈷杵を持ち、象を模した座に腰掛けて、天の母であるマーマキー[11]に抱かれています。その金剛薩埵が、地蔵菩薩と弥勒菩薩、そして女性の菩薩であるラースヤー[12]とプシュパー[13]を従えて現れます。この六体の仏があなたの方へやって来ます。

　根源状態まで分解されたあなたの意識の集合体は、鏡のような叡智と呼ばれるありのままの姿になり、父でもあり母でもある金剛薩埵の心臓から放たれる眩い白い光になります。その白い光は目が眩むほど明るく透き通っていて、そのあまりの眩さに、あなたはそれを直視することができないでしょう。その光が、まっすぐにあ

---

[11] 川崎訳では「ブッダローチャナー」。マーマキーは三日目とされている。

[12] 原典脚注 Lasya

[13] 原典脚注 Pushpa

なたに向かってきます。その鏡のような叡智の光と同時に、地獄からは、煙のような色のぼんやりとした光が送られてきます。

　するとあなたは、怒りの力のために恐怖に駆られ、目が眩むような白い光に圧倒されて逃げ出したくなるでしょう。そしてあなたは、地獄から届く煙のような色のぼんやりとした光に惹かれるでしょう。そのように感じたとしても、眩い透き通った白い光を恐れてはなりません。その光は叡智なのだと理解してください。強い信仰の気持ちをもって、その光が尊いものであると信じるのです。その光は、尊い金剛薩埵の慈悲の光なのです。信仰の心をもって、「私はこの慈悲の光に帰依します」と念じてください。そして祈るのです。

　その白い光は、尊い金剛薩埵が、あなたを中有の恐怖から救うために、あなたのところに来てくださった証です。それを信じることで、金剛薩埵の慈悲の光に救ってもらうことができるのです。

　地獄から送られてくる煙のような色のぼんやりとした光に、心を寄せてはなりません。その光は、激しい怒りが生んだ数々の悪業を力として、あなたを地獄へと呼び寄せる道です。その光に惹かれてしまうと、あなたは地獄に落ちてしまいます。地獄に落ちると、耐えがたい苦痛に苛まれ続けることになり、そこから逃れることができません。地獄からの光は、あなたの解脱の道を妨げるものです。その光を見てはなりません。怒りの感情を抱いてはなりません。その光に惹かれてはなりません。心を強く持ってください。目が眩むような明るい白い光を信じるのです。そして強い信仰の心をもって、尊い金剛薩埵に次のように祈りましょう。

　　「ああ、私は激しい怒りの力ゆえに輪廻の世界をさまよっています。
　　　鏡のような叡智の光が輝く道に
　　　尊い金剛薩埵が導いてくださいますように。
　　　天の母なるマーマキーが、私を後ろからお守りくださいますように。
　　　中有の難所を無事に乗り切ることができますように。
　　　完全な仏の境地にたどり着くことができますように。」

　強い信心をもって、熱心にこの祈りを唱えることで、あなたは、虹色に輝く光の輪の中で尊い金剛薩埵の心臓に溶け込み、東方の妙喜国と呼ばれる浄土において、報身を得て仏となることができるでしょう。

三日目

　しかし、この教えを受けても、悪業や高慢さの妨げによって、慈悲の光が救いに来ているのに逃げ出してしまう者がいる。そのような者の前には、三日目に、尊い宝生如来とそのお供の神々が現れる。同時に、人間界からの光の道も現れる。

　そうなったら、二日目までと同様に、死者の名前を呼んだあとに、次の教えを伝える。

　善良なる者よ、気を散らさずに、よく聞いてください。三日目には、地の元素がありのままの姿で現れ、黄色い光を放ちます。それと同時に、南方の栄光の国から、尊い宝生如来がやって来ます。宝生如来は黄色く、手には宝珠を持ち、馬を模した

座に腰掛けて、天の母であるマーマキーに抱かれています。その宝生如来が、光り輝きながら、あなたの前に現れます。

　虚空菩薩と普賢菩薩も、女性の菩薩であるマーラーとドゥペマ (Dhupema) を従えてやって来ます。全部で六体の仏が、虹色に輝く光の輪の中から、光を放ちつつ現れます。根源状態まで分解された感受作用（受蘊）の集合体が、平等の叡智[14]を表す黄色い光となって、いくつもの光り輝く宝珠に囲まれ、目が眩むほど明るく輝きます。その黄色い光のあまりの眩さに、あなたはそれを直視することができないでしょう。その光が、まっすぐにあなたに向かってきます。それと同時に、青みがかった黄色[15]のぼんやりとした光が、人間界から、あなたの心臓に向かって差してきます。その光が、平等の叡智の光と並んでやって来るのです。

　するとあなたは、高慢さがもたらす力のために恐怖に駆られ、目が眩むような黄色い光に圧倒されて逃げ出したくなるでしょう。そしてあなたは、人間界から届く青みがかった黄色のぼんやりとした光に惹かれるでしょう。

　そのように感じたとしても、眩い透き通った黄色い光を恐れてはなりません。その光は叡智なのだと理解してください。ただ黄色い光を受け入れ、強い信仰の気持ちをもって、その光が尊いものであると信じるのです。たとえ強い信仰心をもって光に向けて祈るということをしなくても、その光があなた自身の知性の放つ輝きであるということを理解しさえすれば、仏の体と光とが溶け合ってあなたの中に入ってきます。そしてあなたは、仏の境地にたどり着くことができるでしょう。

　あなたがまだ、あなた自身の知性の放つ輝きを認識していないのであれば、信仰の心をもって「この光は、尊い宝生如来の慈悲の光です。私はこの慈悲の光に帰依します」と念じてください。そして祈るのです。その黄色い光は、尊い宝生如来が、あなたを救うために送った慈悲の光です。それを信じることです。

　人間界から届く青みがかった黄色のぼんやりとした光に、心を寄せてはなりません。それは、強い慢心に満ちたあなたの生前からの記憶（習気）によって作られた光であり、あなたを人間界に呼び寄せる道なのです。その光に惹かれてしまうと、あなたは人間界に生まれ、生老病死に苦しむことになります。あなたはこの世に生きる者として、輪廻の泥沼から逃れることができなくなります。人間界からの光は、あなたの解脱の道を妨げるものです。その光を見てはなりません。高慢さを捨てなくてはなりません。慢心に満ちたあなたの生前からの記憶（習気）を手放すのです。その光に惹かれてはなりません。心を強く持ってください。目が眩むような明るい黄色の光を信じるのです。そして強い信仰の心をもって、尊い宝生如来に次のように祈りましょう。

　「ああ、私は強い慢心のために輪廻の世界をさまよっています。
　　平等の叡智の光が輝く道に
　　尊い宝生如来が導いてくださいますように。

---

[14] あらゆるものが平等であると知ること。
[15] 川崎訳「青色」。

17

天の母なるマーマキーが、私を後ろからお守りくださいますように。

中有の難所を無事に乗り切ることができますように。

完全な仏の境地にたどり着くことができますように。」

　強い信心をもって、熱心にこの祈りを唱えることで、あなたは、虹色に輝く光の輪の中で、天の父でもあり母でもある尊い宝生如来の心臓に溶け込み、南方の栄光の国において、報身を得て仏となることができるでしょう。

四日目

　この教えを受けることで、どれほど心が弱くても、確実に解脱に至ることができる。しかし、この教えを受けても、多くの悪業を積んだ者、戒律を破った者、より高い次元を目指すために必要な運に全く恵まれていない者は、解脱を得ることができない。彼らの貪欲さと狭量さとが悪業となり、そのために音と光を恐れて逃げ出してしまうのだ。そのような者の前には、四日目に、尊い阿弥陀如来とそのお供の神々が現れる。同時に、餓鬼の世界からも、その者を呼び寄せるための光の道が現れる。これは、貪欲さと狭量さから生まれる光の道である。

　このような場合は、三日目までと同様に、死者の名前を呼んだあとに、次の教えを伝える。

　善良なる者よ、気を散らさずに、よく聞いてください。四日目には、火の元素がありのままの姿で現れ、赤い光を放ちます。それと同時に、西方の幸福の赤い国から、尊い阿弥陀如来がやって来ます。阿弥陀如来は色が赤く、手には蓮華を持ち、孔雀を模した座に腰掛けて、天の母であるパーンダラヴァーシニー*16に抱かれています。その阿弥陀如来が、光り輝きながら、あなたの前に現れます。聖観音と文殊菩薩も、女性の菩薩であるギーターとアーロカを従えてやって来ます。全部で六体の仏が、虹色に輝く光の輪の中から、光を放ちつつあなたの前に現れます。

　根源状態まで分解された表象作用（想蘊）の集合体が、識別の叡智*17を表す赤い光となって、いくつもの光り輝く宝珠に囲まれ、目が眩むほど明るく輝きます。その透き通った目が眩むほど明るい赤い光が、天の父でもあり母でもある尊い阿弥陀如来の心臓から、まっすぐにあなたに向かってきます。そのあまりの眩さに、あなたはそれを直視することができないでしょう。その光を恐れてはなりません。

　それと同時に、赤いぼんやりとした光が、餓鬼の世界から、あなたの心臓に向かって差してきます。その光が、叡智の光と並んでやって来るのです。そのぼんやりとした光に、心を寄せてはなりません。その光への執着を捨てなくてはなりません。心を強く持ってください。

　あなたは強い執着心の影響によって、目が眩むような赤い光に恐怖を覚え、その光から逃げ出したくなるでしょう。そして、餓鬼の世界から届く赤いぼんやりとし

---

*16 Gokarmo 川崎訳参照、原典脚注の「白衣」よりも正しい訳である。

*17 あらゆるものを正しく識別すること。

18

た光に惹かれるでしょう。

　そのように感じたとしても、眩い透き通った赤い光を恐れてはなりません。その光は叡智なのだと理解してください。あなたの知性によってその赤い光を受け入れるのです。そうすればあなたはその赤い光と強く結び付き、仏の境地にたどり着くことができるでしょう。

　あなたがまだ、その眩い赤い光を正しく認識できないようであれば、「この光は、尊い阿弥陀如来の慈悲の光です。私はこの慈悲の光に帰依します」と念じてください。そして信仰の心をもって、祈るのです。その赤い光は、尊い阿弥陀如来が、あなたを救うために送った慈悲の光です。深い信仰の心でそれを信じるのです。逃げてはなりません。たとえあなたが逃げたとしても、その光はあなたを追ってきます。逃れることはできません。それを恐れてはなりません。餓鬼の世界から届くぼんやりとした赤い光に、心を寄せてはなりません。それは、この世への強い執着心に満ちたあなたの生前からの記憶（習気）によって作られた光であり、あなたを餓鬼の世界に呼び寄せる道なのです。その光に惹かれてしまうと、あなたは不幸な魂の世界に落ちてしまい、飢えと渇きの耐えがたい苦悩に苛まれることとなります。そこでは、解脱を得る機会などありません。そのぼんやりとした赤い光は、あなたの解脱の道を妨げるものです。その光に惹かれてはなりません。執着心に満ちたあなたの生前からの記憶（習気）を手放すのです。心を強く持ってください。目が眩むような赤い光を信じるのです。そして、天の父でもあり母でもある尊い阿弥陀如来に向けて、強い信仰の気持ちをもって、一心に祈りましょう。

> 「ああ、私は強い執着の力のために輪廻の世界をさまよっています。
> 　識別の叡智の光が輝く道に
> 　尊い阿弥陀如来が導いてくださいますように。
> 　天の母なるパーンダラヴァーシニーが、私を後ろからお守りくださいますように。
> 　中有の難所を無事に乗り切ることができますように。
> 　完全な仏の境地にたどり着くことができますように。」

　強い信心をもって、熱心にこの祈りを唱えることで、あなたは、虹色に輝く光の輪の中で、天の父でもあり母でもある尊い阿弥陀如来の心臓に溶け込み、西方の幸福の国において、報身を得て仏となることができるでしょう。

五日目

　ここまできても解脱を得られないということは、通常あり得ない。しかし、四日目まで教えを受けてきても、長く慣れ親しんできた生前からの記憶（習気）を捨てることができないために、また、悪業や嫉妬心のせいで音や光に対する畏怖や恐怖心を掻き立てられてしまうために、慈悲の光によって救われない者たちがいる。彼らはさまよい続け、五日目までやって来てしまう。そのような者の前には、五日目に、尊い不空成就如来とそのお供の神々が現れ、不空成就如来の慈悲の光が送られてくる。同時に、阿修羅の世界からも、その者を呼び寄せるための光が送られてくる。これは、嫉妬心という邪悪な感情から生ま

れる光である。

このような場合は、死者の名前を呼んだあとに、次の教えを伝える。

　善良なる者よ、気を散らさずに、よく聞いてください。五日目には、風の元素が
ありのままの姿で現れ、緑色の光を放ちます。それと同時に、最善の行為による
成功の国と呼ばれる北方の緑色の国[18]から、尊い不空成就如来がやって来ます。
不空成就如来は緑色で、手には十字形の五鈷杵を持ち、空を渡る金翅鳥（Harpy
直訳は「人面身鳥のハーピー」）を模した座に腰掛けて、天の母である多羅菩薩
（Dolma ターラー菩薩）に抱かれています。その不空成就如来が、光り輝きなが
ら、あなたの前に現れます。二体の金剛手菩薩ヴァジュラパーニ（Bodhisattva
Chang-na-Dorje）と除蓋障菩薩サルヴァニヴァラナヴィスカムビン（Bodhisattva
Dibpanamsel）も、女性の菩薩であるガンダー（Gandhema）と菩薩ナイヴェー
ディヤー（Nidhema）を従えてやって来ます。全部で六体の仏が、虹色に輝く光の
輪の中から、光を放ちつつあなたの前に現れます。

　根源状態まで分解された意思形成作用（行蘊）の集合体が、遂行の叡智を表す緑
色の光となって、いくつもの光り輝く宝珠に囲まれ、目が眩むほど明るく輝きま
す。その透き通った目が眩むほどの緑色の光が、天の父でもあり母でもある緑色の
尊い不空成就如来の心臓から、まっすぐにあなたに向かってきます。そのあまりの
眩さに、あなたはそれを直視することができないでしょう。その光を恐れてはなり
ません。その光は、あなた自身の知性に内在する叡智が放つ自然な輝きです。あな
たの心の本来の公正さを、曲げることなく保ってください。

　遂行の叡智を表す緑色の光と同時に、緑色（訳注：川崎訳では「赤色」）のぼん
やりとした光が、阿修羅の世界から、あなたに向かって差してきます。それは、嫉
妬の感情から生まれた光です。その光が、叡智の光と並んでやって来るのです。そ
のぼんやりとした光のことを思って、公正な心で瞑想してください。その光に対し
て、嫌悪感も愛着も持たずに瞑想をします。そのぼんやりとした光に、心を寄せて
はなりません。あなたにその光を十分に理解するだけの能力がなかったとしても、
その光に惹かれないようにしてください。

　あなたは強い嫉妬心の影響によって、目が眩むような緑色の光に恐怖を覚え、そ
の光から逃げ出したくなるでしょう。そして、阿修羅の世界から届く緑色のぼんや
りとした光に惹かれるでしょう。そのように感じたとしても、眩い透き通った緑色
の光を恐れてはなりません。その光は叡智なのだと理解してください。あなたの知
性によってその緑色の光を受け入れるのです。うまく受け入れることができなけれ
ば、「この光は、私を救いに来てくださった尊い不空成就如来の慈悲の光です。こ
れは遂行の叡智の光です」と念じてください。それを信じることです。その光から
逃げてはなりません。

　たとえあなたが逃げたとしても、その光はあなたを追ってきます。逃れることは
できません。それを恐れてはなりません。阿修羅の世界から届く緑色のぼんやりと

---

*18　「業績国」と訳されることも。

した光に、心を寄せてはなりません。それは、あなたが生前に身に付けてしまった強い嫉妬心によって作られた業の道であり、あなたを阿修羅の世界に呼び寄せるものなのです。その光に惹かれてしまうと、あなたは阿修羅の世界に落ちてしまい、口論と闘争の耐えがたい苦悩に苛まれることとなります。そのぼんやりとした緑色の光は、あなたの解脱の道を妨げるものです。その光に惹かれてはなりません。嫉妬心に満ちたあなたの生前からの記憶（習気）を手放すのです。心を強く持ってください。目が眩むような明るい緑色の光を信じるのです。そして、天の父でもあり母でもある尊い不空成就如来に向けて、強い信仰の気持ちをもって、一心に祈りましょう。

> 「ああ、私は強い嫉妬の力のために輪廻の世界をさまよっています。
> 遂行の叡智の光が輝く道に
> 尊い不空成就如来が導いてくださいますように。
> 天の母なる多羅菩薩が、私を後ろからお守りくださいますように。
> 中有の難所を無事に乗り切ることができますように。
> 完全な仏の境地にたどり着くことができますように。」

　　強い信心をもって、熱心にこの祈りを唱えることで、あなたは、虹色に輝く光の輪の中で、天の父でもあり母でもある尊い不空成就如来の心臓に溶け込み、北方の善行が報われる国において、報身を得て仏となることができるでしょう。

六日目

　このように様々な段階で教えを受けることで、解脱につながる業がどれほど弱い者であっても、いずれかの段階の教えを理解できるものである。そして、その教えを理解できた段階において、解脱を実現することが可能となる。しかし、これだけ何度も教えを受けていても、長く慣れ親しんできた生前からの記憶（習気）が強すぎる者や、叡智に精通しておらず、叡智に対する純粋な愛情を持たないような者は、どれだけ多くの教えを受けても、自身の悪い性癖の力によって引き戻されてしまう。そのような者たちは、恩恵の光でも救うことができない。彼らはむしろ光に対して畏怖の念や恐怖心を抱き、光から遠ざかり、さまよい続けるのである。

　そのような場合には、天の父でもあり母でもある五体の仏が、そのお供の神々を伴って一斉に現れ、その者を照らすだろう。

　そのような場合は、死者の名前を呼んだあとに、次の教えを伝える。

　　善良なる者よ、昨日までは、五体の仏が一体ずつそれぞれに、あなたを照らしにやって来ていました。そして私もあなたに教えを伝え続けてきましたが、あなたは生前からの悪癖の影響で、仏に対して畏怖や恐怖の念を抱き、今もまだここに留まっています。

　　五体の仏の発する叡智の光が、実は、あなた自身の意識によってできた身体（意成身）から出ている光であるということを、もしもあなたが理解できていたならば、あなたはここまで来ることはありませんでした。そうであれば、あなたは、虹色に

輝く光の輪の中に吸い込まれ、五体の仏のうちのいずれかに溶け込み、報身を得て仏となっていたはずなのです。しかしここまで来てしまったからには、ここで、気を散らさずに、よく見てください。五体の仏の発する光が一体となり、四つの叡智の結合の光と呼ばれるものとして、あなたを迎えにやって来ます。その光を認識できるように努力してください。

善良なる者よ、今日、六日目には、水・地・火・風の四つの元素がありのままの姿で同時に現れ、あなたを四色の光で照らします。それと同時に、中央にあり、あらゆるものの種をまく場であると言われる法界から、天の父でもあり母でもある尊い毘盧遮那仏がお供の神々を連れて現れ、あなたを照らします。東方の妙喜国からは、天の父でもあり母でもある尊い金剛薩埵がお供の神々を連れて現れ、あなたを照らします。南方の栄光の国からは、天の父でもあり母でもある尊い宝生如来がお供の神々を連れて現れ、あなたを照らします。西方の蓮華が咲き乱れる幸福の国からは、天の父でもあり母でもある尊い阿弥陀如来がお供の神々を連れて現れ、あなたを照らします。北方の完全なる善行の国からは、天の父でもあり母でもある尊い不空成就如来が虹色に輝く光の輪の中からお供の神々を連れて現れ、今このときに、あなたを照らします。

善良なる者よ、この父でもあり母でもある五体の仏たちを取り囲む形で、四体の門番の忿怒尊、ヴィジャヤ、ヤマーンタカ、ハヤグリーヴァ、アムリタクンダリン（the Urn of Nectar）、四体の女性の門番、アンクシー（the Goad-Bearer）、パーシャー（the Noose-Bearer）、シュリンカラー（the Chain-Bearer）、ガンター（the Bell-Bearer）、そして、天道の仏インドラ（the One of Supreme Power）、阿修羅道の仏ヴェーマチトラ（Strong Texture）、シャーキヤの獅子（Lion of the Shakyas 釈迦）と呼ばれる人間道の仏、揺るがぬ獅子（Unshakable Lion）と呼ばれる畜生道の仏、燃える口を有する者（One of Flaming Mouth）と呼ばれる餓鬼道の仏、地獄道の仏ダルマラージャが現れます。父でもあり母でもある八体の尊い門番の仏と、六体の尊い師である仏とがやって来て、あなたを照らすのです。

全ての仏の偉大な祖先である、普く賢い父サマンタバドラと、普く賢い母サマンタバドリー*19 も姿を現します。この天の父と天の母も、あなたを照らしにやって来ます。

これら四十二体の全能の仏がやって来て、あなたを照らします。この仏は全て、あなたの心臓の中で、あなたの純粋な愛から生まれたものなのです。そのことを理解してください。

善良なる者よ、これらの仏の国々は、あなたの外側に存在するものではありません。これらはあなたの心臓の中にあります。心臓の中心部と、それを取り囲む四方向とで、五つの方角になります。それが仏の国として外部に現れ、あなたを照らすのです。あなたの目の前に現れる仏もまた、外部からやって来たものではありませ

---

*19 究極の光の叡智 Samanta-Bhadra は、男性仏サマンタバドラと女性仏サマンタバドリーの合体した姿で表現される。

ん。彼らは、あなたの知性の中に存在する永遠の世界を住処としています。そのことを理解してください。

　善良なる者よ、これらの仏は、大きくもなく小さくもない、適切な大きさで現れます。仏はそれぞれに装飾品を付け、各自の色があり、座る姿勢や台座も異なり、また、それぞれに象徴的な道具を手にしています。

　これらの仏は、二体ずつ五組の対になっていて、それぞれの対が五重の光の輪に囲まれています。男性の菩薩は天の父としての性質を持ち、女性の菩薩は天の母としての性質を持っています。これらの五対の仏たちが集まり、一つの集団として、あなたを照らしにやって来ます。この仏は全て、あなたの守り本尊です。そのことを理解してください。

　善良なる者よ、天の父であり天の母であるこれらの五対の仏の心臓から、四つの叡智の結合の光が、あなたに向けて放たれます。それは、まるで太陽の光線を糸に紡いだかのような、強く輝く細い光です。それがあなたの心臓に向かって、まっすぐに差してくるのです。

　その光の道の上には、神々しい光の珠がいくつも輝いています。青い光を放つそれらの珠は、法界の叡智そのものです。それぞれの珠は、伏せて置いたトルコ石の碗のような形で、その周りを同じような形の小さな珠で囲まれています。この小さな珠もまた、神々しく、透き通った、目が眩むほどの光を放っています。そしてこの小さな珠の周りにも、さらに小さな珠が五つずつ周りを囲むように輝いているので、より神々しさが増すのです。これらの珠の光によって、青い光の道は、中央も端もくまなく、光り輝いています。

　金剛薩埵の心臓からは、鏡のような叡智の白い光の道が伸びてきます。目が眩むほど神々しく、恐ろしいほどに神々しい光の道です。その道の上には透き通った光を放つ珠が輝いています。それぞれの珠を、透き通った光を放つ小さな珠が取り囲んでいるので、より神々しさが増すのです。全ての珠が裏返して置いた鏡のようです。その輝く白い光の道が、あなたを照らします。

　宝生如来の心臓からは、平等の叡智の黄色い光の道が伸びてきます。その光の道の上には、伏せて置いた金の碗のような黄色い珠が神々しく輝いています。その珠の周りを小さな珠が取り囲み、その小さな珠の周りをさらに小さな珠が取り囲んでいます。その黄色い光の道が、あなたを照らすのです。

　阿弥陀如来の心臓からは、透き通った眩い赤い光の、識別の叡智の道が伸びてきます。その道の上では、伏せて置いた珊瑚の碗のような珠が叡智の光を放っています。その珠は目が眩むほど明るく輝き、それぞれが同じような小さな五つの珠に囲まれていることで、さらに神々しさを増すのです。これらの珠の光によって、赤い光の道は、中央も端もくまなく、光り輝いています。その赤い光の道が、あなたを照らします。

　これらの光の道が、一斉に、あなたの心臓に向かってまっすぐに差してくるのです。

　善良なる者よ、これらは全て、あなた自身の知性から現れた光です。外部から

23

やって来たものではありません。それらの光に惹かれてはなりません。心を強く持ってください。恐れてはなりません。ただ無心でいるように、努力してください。無心でいることができれば、全ての形や光があなたの中に溶け込んできて、あなたは仏の境地に至ることができるでしょう。

　善行の叡智を表す緑の光の道は、まだ、あなたの前に姿を現さないでしょう。あなたの知性が、完全に叡智を理解する段階に達していないためです。

　善良なる者よ、今あなたに向かって差してきた光が、四つの叡智の結合の光です。金剛薩埵の内なる道と呼ばれるところから差してきた光なのです。

　このときにこそ、あなたは、あなたが生前に師僧から受けていた教えを思い出さなくてはなりません。その教えの意味するところをきちんと思い出すことができれば、あなたは、自分に向けて差してきた光が、あなた自身の内部の投影であるということを理解することができるでしょう。そして、その光を自分の親しい友人のようなものなのだと理解することができれば、それを信じることができるでしょう。息子が自分の母親を認識することができるように、出会ってすぐに、その光を認識することができるでしょう。

　純粋で神聖な真理が持つ不変の性質を信じることによって、あなたは自身の中に三昧[20]を維持することができます。そして、あなたは完全な段階に達した知性に溶け込み、報身を得て仏となることができるでしょう。そこに至ることができれば、そこから逆戻りすることはありません。

　善良なる者よ、この叡智の光と同時に、六道からの不浄な幻影もあなたの前に現れます。それはどのようなものかと問われれば、私は、ぼんやりとした光の姿をとったものだと答えます。天道からの白いぼんやりとした光、阿修羅道からの緑色のぼんやりとした光、人間道からの黄色いぼんやりとした光、畜生道から青いぼんやりとした光、餓鬼道からの赤いぼんやりとした光、地獄道からの煙のような色のぼんやりとした光です。これらの六つの光が、六つの叡智の光と共にやって来ます。このぼんやりとした光を、恐れてはなりません。ぼんやりとした光のいずれにも、惹かれてはなりません。ただ無心でいるように努力してください。

　もしあなたが、叡智の純粋な光を恐れて、六道からの不浄な光に惹かれてしまうと、あなたは六道のいずれかに生まれ、輪廻の苦痛に苛まれることとなるでしょう。あなたは輪廻の大海から逃れることができなくなり、輪廻の大海の渦に巻かれ、苦難を受け続けることになるのです。

　善良なる者よ、もしあなたが師僧の教えの言葉を心に刻んでいないのであれば、あなたは叡智の純粋な光に恐怖を覚えるでしょう。その光を発している仏に対しても、恐怖を覚えることでしょう。そこで恐怖を感じてしまうと、あなたは、輪廻の世界から送られてくる不浄な幻影に惹かれることになります。そちらに惹かれてはなりません。信仰の心をもって、目が眩むほど明るい叡智の純粋な光を信じるのです。信仰の気持ちを燃え立たせて、「五体の仏様の慈悲深い叡智の光が、私を救い

---

[20] 雑念がなく落ち着いて安定した状態

に来てくださいました。慈悲深い仏様に帰依します。」と念じてください。

　六道から送られてくる幻影の光に、心を寄せてはなりません。信仰の心をもっ
て、一心に、天の父であり天の母である五体の仏に、次のように祈ってください。

> 「ああ、私は五つの強力な毒の力のために輪廻の世界をさまよっています。
> 　四つの叡智の結合の光が輝く道に
> 　尊い五体の仏様が導いてくださいますように。
> 　五体の天の母なる仏様が、私を後ろからお守りくださいますように。
> 　六道の不浄な光の道からお救いくださいますように。
> 　中有の難所を無事に乗り切ることができますように。
> 　完全な仏の境地にたどり着くことができますように。」

　この祈りを唱えることで、あなたは、あなた自身の内側から発せられる光を認識
することができるようになります。そしてその光に溶け込むことで、瞬時に仏の境
地に至ることができます。深い信仰の心をもって祈ることで、一般的な人であって
も、自身を知り、解脱に至ることができるのです。ここでの解脱が叶わない場合で
も、純粋な祈りの力によって、六道への扉を閉じることができます。四つの叡智の
結合の光の真の意味が理解できれば、金剛薩埵の空の道（金剛薩埵の内なる道）に
よって仏の境地を得ることができるのです。

　解脱を得ることが見込まれていた人々は、このように詳細な教えを受けること
で、真実を理解するようになります。そのようにして、多くの人々が解脱に至るこ
とができるでしょう。

　最悪の結果になるのは、重い悪業を負っていて、信仰心を全く持っていない人々、
そして戒律を破った人々です。そのような人々は、業の引き起こす幻覚の力のため
に、たとえ真実に至るための教えを受けたとしても真実を理解することができず、
解脱とは遠いところでさまよい続けることになります。

七日目

　七日目には、神聖な楽土の世界から、神秘の力を持つ仏である持明者（ヴィディヤーダ
ラという半神族）たちがやって来る。それと同時に、畜生の世界からも、死者を呼び寄せ
るための道が現れる。その道は、解脱への妨げとなる愚かさというもので作られている。
この段階では、死者の名前を呼んだあとに、次の教えを伝える。

　善良なる者よ、気を散らさずに、よく聞いてください。七日目には、あなたの生前
からの記憶（習気）がありのままの姿で現れ、様々な色の光を放ちます。それと同
時に、神聖な楽土の世界から持明者たちが、あなたを迎えにやって来ます。

　曼荼羅の中心の虹色に輝く光の輪の中から、最上位の持明者が現れます。蓮華の
舞踏の長と呼ばれ、業の果実を成熟させる持明者です。その持明者は、五色の光を
放ち、天の母である赤色のダーキニーに抱かれています。三日月形の小刀と、なみ
なみと赤い血をたたえた頭蓋骨を持ち、踊りながら、指印を結んだ右手を高く上
げ、あなたのところへやって来ます。

曼荼羅の東方からは、地上に住む持明者が現れます。その持明者の色は白く、輝きながら、微笑みを浮かべ、天の母である白色のダーキニーに抱かれています。三日月形の小刀と、なみなみと赤い血をたたえた頭蓋骨を持ち、踊りながら、指印を結んだ右手を高く上げ、あなたのところへやって来ます。

曼荼羅の南方からは、寿命を自在に操る持明者が現れます。その持明者は黄色く、輝きながら、微笑みを浮かべ、天の母である黄色のダーキニーに抱かれています。三日月形の小刀と、なみなみと赤い血をたたえた頭蓋骨を持ち、踊りながら、指印を結んだ右手を高く上げ、あなたのところへやって来ます。

曼荼羅の西方からは、大印契の持明者が現れます。その持明者の色は赤く、輝きながら、微笑みを浮かべ、天の母である赤色のダーキニーに抱かれています。三日月形の小刀と、なみなみと赤い血をたたえた頭蓋骨を持ち、踊りながら、指印を結んだ右手を高く上げ、あなたのところへやって来ます。

曼荼羅の北方からは、無為自然*21の持明者が現れます。その持明者は緑色で、輝きながら、微笑みを浮かべ、天の母である緑色のダーキニーに抱かれています。三日月形の小刀と、なみなみと赤い血をたたえた頭蓋骨を持ち、踊りながら、指印を結んだ右手を高く上げ、あなたのところへやって来ます。

これらの持明者たちを取り囲むように、無数のダーキニー（八箇所の火葬場のダーキニー、四つの階級のダーキニー、心臓・喉・脳*22のダーキニー、三十の聖地と二十四の巡礼地のダーキニー）、英雄たち、女傑たち、男性と女性の天の兵士たち、男性と女性の法の守護神たちが現れます。彼らは皆、骨でできた六種の装身具をまとい、太鼓、大腿骨から作った笛、頭蓋骨から作ったタンバリン、人皮のようなものでできた巨大な旗、人皮でできた傘、人皮でできたのぼりを持ち、人脂から作った香を焚きしめています。それ以外にも無数に楽器を持っており、全世界を音楽で満たし、音の振動で人々の脳が揺れて気が遠くなるほど世界を揺り動かします。彼らは様々な種類の舞踏を踊りながらやって来て、信心深い人々を迎え入れ、信仰心のない人々を罰するのです。

善良なる者よ、あなたが真実を認識すると同時に生まれた叡智が、五色の光として輝きます。その光は、あなたの生前からの記憶（習気）が浄化されたものです。その五色の光は、色の付いた糸のようで、振動し、目が眩むほど輝いています。神々しく、畏怖の念を呼び起こすようなその透き通った光は、神々の集団の中心にいる五体の持明者の心臓から放たれ、まっすぐにあなたの心臓に向かって差してきます。そのあまりの眩さに、あなたはそれを直視することができないでしょう。

その叡智の光と同時に、青いぼんやりとした光が、畜生の世界から、あなたに向かって差してきます。すると、生前からの記憶（習気）の影響のために、あなたはその五色の光に対して恐怖を覚え、その光から逃げ出したくなるでしょう。そして、畜生の世界から届く青いぼんやりとした光に惹かれるでしょう。そのように感

---

*21 無努力なまま自己の本質に止まること。

*22 川崎訳は「三界」としている。

じたとしても、眩い五色の光を恐れてはなりません。怖がらないでください。その叡智は、あなた自身の叡智なのだと理解してください。

　五色の光の中から、本質が発する純粋な音が聞こえてきます。一千もの雷が同時に轟くような、すさまじい音です。その雷のような轟音の中から、「殺せ、殺せ」という声と、厳かな真言が聞こえてくるでしょう。恐れてはなりません。逃げてはなりません。怯えてはなりません。それらは全て、あなた自身の内なる光の中にある知性が発する音なのだと理解してください。

　畜生の世界から届く青いぼんやりとした光に、心を寄せてはなりません。心を強く持ってください。その光に惹かれてしまうと、あなたは愚かさが支配する畜生の世界に落ちてしまい、隷属、無知、愚かさの永遠に続く苦悩に苛まれることとなります。その世界から抜け出すためには、膨大な年月がかかるでしょう。その光に惹かれてはなりません。目が眩むような明るい五色の光を信じるのです。そして、尊い持明者たちに向けて、強い信仰の気持ちをもって、次のように念じてください。「持明者、英雄、ダーキニーが、神聖な楽土の世界から、私を迎えに来てくださいました。私はこの仏様たちに、一心にすがらなくてはなりません。今日まで、過去・現在・未来の三つの世界から、五体の仏様が、お慈悲の光を差し伸べてくださいましたが、それでも私は救われませんでした。ああ、私のような者を、持明者がこれより下の世界に落とさないでくださいますように。彼らの慈悲によって私を救い上げ、神聖な楽土の世界に連れて行ってくださいますように。」

　このように念じたならば、強い信仰の心をもって、一心に祈りましょう。

　　「ああ、持明者よ、私の祈りを聞いてください。
　　あなたの大いなる愛で、私をお導きください。
　　私は生前からの記憶が強すぎるために輪廻の世界をさまよっています。
　　悟りと同時に生まれる叡智が光り輝く道に
　　英雄と持明者が導いてくださいますように。
　　天の母なるダーキニーが、私を後ろからお守りくださいますように。
　　中有の難所を無事に乗り切ることができますように。
　　清らかな楽土の世界にお連れいただけますように。」

　深い信心をもって、熱心にこの祈りを唱えることで、あなたは、虹色に輝く光の輪の中で、持明者の心臓に溶け込み、確実に、清らかな楽土の世界に生まれることができるでしょう。

　賢い人々も皆、この段階で悟りを得て、解脱に至ります。生前からの記憶（習気）の悪影響を強く受けている人々ですら、この段階で確実に解脱に至るのです。

　ここまでが、『聴聞による解脱についての大経典』の中の、死の瞬間の中有（チカエ・バルド）の眩い光についての教えと、本質と出会う中有（チョニエ・バルド）の寂静尊についての教えである。

八日目から十四日目までの、忿怒尊の現れ

概要

　これより、忿怒尊がどのようにして姿を現すのかについて記す。

　ここまでに記したように、寂静尊の現れる中有には、七段階の難関があった。そのそれぞれの段階において教えを受けることによって、死者はいずれかの段階で悟りを得て、解脱に至るようになっている。

　多くの者が、そのようにして悟りを得て解脱に至る。しかし、多くの者がこの方法で解脱に至るとはいえ、この方法では解脱を得られない者も少なからずいる。彼らは、悪業の影響力を強く受けていたり、障害が大きかったり、生前からの記憶（習気）を長く持ちすぎていたりするために、無知と幻覚の輪に巻き込まれる。その輪は減速することもなく、加速することもなく、永遠に回り続ける。どれほど詳細な教えを授けても、解脱に至らずに下方の世界でさまよい続ける者たちが、少なからずいるのである。

　そのような者たちの前には、彼らを迎え入れようとしてやって来た寂静尊や持明者が姿を消したあとで、炎に包まれ怒りに満ちた五十八体の仏たちが、血をすすりながら姿を現すであろう。この忿怒尊は、以前に現れた寂静尊が姿を変えたものに他ならない。死者の中有における体の、異なるチャクラから現れることにより、異なるものとして見えているのだ。死者の目には、忿怒尊は、寂静尊とは全く異なるものとして映るだろう。

　それが、忿怒尊の中有である。ここでは死者は、恐怖や畏怖の念に影響されるため、悟りに至ることがいっそう難しくなる。死者の知性は覚醒状態に至ることなく、気を失った状態から覚めかけても、再び気を失ってしまう。しかし、もしここで少しでも本質を認識することができたなら、実はこの段階においてこそ、容易に解脱を得られる可能性があるのだ。なぜかと問われれば、私は次のように答えよう。恐怖や畏怖の念を駆り立てるような光が現れることで、死者の知性は機敏になり、集中力が高まるからだ。これが、この段階で解脱に至る可能性が高い理由である。

　もしもこの段階において、この種の教えを受けることができなければ、他の教えをたとえ広大な海ほど聞いていたとしても、それは役に立たない。戒律に従って生きてきた僧院長や形而上学の講義を行ってきた博士であっても、この段階で悟ることができず、輪廻の世界にさまよっていく者たちがいる。

　一般的な人に関しては、言うまでもない。恐怖や畏怖の念に駆られて逃げ出して崖から落ち、不幸な世界で苦しむことになるだろう。しかし、密教の修業を積んできた者であれば、その中で最も優れていない者であっても、血をすする忿怒尊に出会った瞬間にそれが自分の守り本尊であることに気付き、人間の知り合いに出会ったときのような気持ちになるだろう。そのような者は、忿怒尊を信じ、忿怒尊に溶け込み、仏の境地に至るであろう。

　密教の修業においては、この世にいる間に、血をすする忿怒尊を思い描いて瞑想をし、忿怒尊に供物を供え祈りを捧げる。あるいは少なくとも、忿怒尊を描いた仏画を目にしている。そのため、この段階において忿怒尊が姿を現すとすぐに、彼らはそれを理解し、解脱に至るのだ。これが、この段階で解脱を得るための秘訣である。

ここでもう一度、戒律に従って生きてきた僧院長や形而上学の講義を行ってきた博士[23]に話を戻す。彼らが、中有についての教えを受けていないと仮定しよう。彼らがどれほど勤勉に信者としての務めを果たしてきたとしても、この世において教義について語ることにどれほど長けていたとしても、彼らを火葬しているときに虹色の光の輪が現れたり、彼らの遺灰の中に仏のような形の遺骨が見いだされたりといった、驚くべき現象が起きることはないだろう。なぜならば、彼らは生前に、密教の教義を、心から信じていたわけではないからである。密教の教義について語りつつも、実際には密教を軽んじていたからである。儀式を行って密教の仏たちとの関係性を深めるという努力を怠ったからである。そのため彼らは、中有において密教の仏たちが姿を現しても、それを認識することができない。突然、それまでに見たことのない姿が目の前に現れたときに、彼らはそれを危険なものだと見なしてしまうのだ。そしてその仏に対して敵対する気持ちを抱いてしまい、そのために悲惨な状況に陥ることとなる。つまり、戒律を順守する者であっても、形而上学に精通した者であっても、密教の教えに従った実践を積んできていない者たちであるならば、虹色の光の輪のような奇跡のしるしが現れることはないし、彼らを火葬したあとに仏のような形の遺骨や種のような形の遺骨が見つかることもないのである。それは、ここに記した理由のためである。

　密教の修業を積んできた者の中で、最も優れていない者は、洗練されておらず、勤勉さに欠け、機転がきかない人物であるかもしれない。自ら立てた誓いを守れず、品がいいとは言えない習慣を持ち、場合によっては、教えを受けたことについても、きちんと実行して望ましい結果を得るということができないような人物であるかもしれない。だからといって、その者を軽蔑したり疑ったりすべきではない。その者の信仰している密教に対して敬意を払うべきである。密教を信仰しているというその一点のみによって、その者は、この段階で解脱に至ることができるのである。

　密教に対して敬意を払っている者の、この世での行いが素晴らしいものではなかったとしても、その者の死に際しては、虹色の光の輪や仏のような形の遺骨が現れるといった奇跡のしるしが、少なくとも一つは見られるだろう。それは、密教が、そのような奇跡を起こすほど強い力を持っているためである。

　密教の修業を行った者のうち、精神的な修養が、一般的なレベルあるいはそれ以上に達した者で、視覚化の段階と完了の段階の瞑想を行い、最も重要なマントラ（真言）を唱えていた者たちは、本質と出会う中有（チョニエ・バルド）のこの段階にまでさまよってくることはない。そのような者は呼吸が止まってすぐに、英雄や女傑、持明者によって、清浄な楽土の世界へと導かれるからである。このことが起きた場合、次のようなしるしが現れる。空は雲一つない晴天となり、死者が虹色の光の中に溶け込んでゆく。陽光が降り注ぎ、空気中に甘い香りが漂ってくる。空から音楽が聞こえてきて、強い光が差してくる。火葬を行ったあとの遺灰から、仏の形をした遺骨が現れる。

　このように、戒律に従って生きてきた僧院長や形而上学の講義を行ってきた博士、密教の修業をしていたが自らの誓いを守れなかった者、そして全ての一般の人々にとって、本

---

[23] 川崎訳「顕教の学者」。

経典は必要不可欠なものなのである。仏の境地のための瞑想とマハームドラー（大印契）の瞑想を行ってきた者は、死の瞬間に眩い光を認識し、法身を得るだろう。そのような者は、本経典を読む必要はない。死の瞬間に眩い光を認識することができれば、本質と出会う中有（チョニエ・バルド）において寂静尊と忿怒尊を認識して悟りに至り、報身を得ることも可能である。あるいは、転生に向かう中有（シパ・バルド）において悟りに至り、化身を得ることもできる。そのような者は高い次元の世界[*24]に生まれることとなり、次の生において密教の教えと出会い、善業を積み続けることが可能となる。

　つまり、本経典の教えさえ受ければ、瞑想を行ってこなかった者も仏の境地に至ることができるのである。本経典の教えを聞くだけで、誰でも解脱に至ることができるということだ。強力な悪業を負った者をも、神秘の道に救い上げる経典である。本経典の教えを受けた者と受けなかった者との間には、瞬時に大きな差ができる。本経典は、瞬く間に完全な悟りを与えてくれる深遠な教えなのだ。本経典の教えを受けた者は、不幸な状態に陥ることはない。

　本経典の教えに加えてタクドル（護符）を用いると、なおよい。それはまるで、金の曼荼羅にトルコ石をはめ込んだかのようである。

　本経典がどれほど不可欠なものであるかを示したところで、これより、中有で忿怒尊が現れた際にどう振る舞うべきかについて、具体的な教えを記す。

八日目

七日目までと同様に、死者の名前を呼んだあとに、次の教えを伝える。

　善良なる者よ、気を散らさずに、よく聞いてください。中有において寂静尊が現れてあなたを照らしましたが、あなたはそれを認識することができませんでした。そのため、あなたはこれほど遠くまでさまよってきています。今日は八日目です。これからあなたの前に、忿怒尊が血をすすりながら現れ、光を放つでしょう。心を惑わされることなく、その忿怒尊を認識するよう努力してください。

　善良なる者よ、偉大なる仏ヘールカが、あなたの前に現れます。ヘールカは暗褐色で、三つの頭、六本の腕を持っており、四本の脚で堂々と立っています。右の顔は白色、左の顔は赤色、中央の顔は暗褐色です。体からは輝く炎を発し、大きく見開いた九つの目が、恐怖を感じるほどにこちらを睨みつけています。その目の上で震えている眉は、まるで稲妻のようです。突き出た歯はギラギラと輝き、互いに重なり合っています。口からは「ア・ラ・ラ」、「ハ・ハ」と大声を響かせ、息をすると「ヒュー」という鋭い音も聞こえます。髪は赤黄色で、光り輝き、逆立っています。頭には乾いた人間の頭蓋骨と、太陽と月を模した飾りを付け、体には、黒蛇と人間の生首で作った輪を掛けています。右手は、上の手に輪、中央の手に剣、下の手に戦斧を持ち、左手は、上の手に鈴、中央の手に頭蓋骨の椀、下の手に鋤の刃を持っています。ヘールカの体は、母なる仏クローデーシュヴァリーに抱かれています。クローデーシュヴァリーは右手でヘールカの首を抱え、左手には、なみな

---

*24 原典脚注より。川崎訳では「天上の世界」だが、原典脚注はそうは言っていない。

みと血をたたえた赤い貝殻を持っています。その貝殻をヘールカの口元に運ぶと、ヘールカはピチャピチャ、ガシャガシャと音を立てます。その音が、まるで雷鳴のように響き渡っています。クローデーシュヴァリーとヘールカからは叡智の炎が噴き出しています。体中の全ての毛穴から炎が噴き出しているのです。その炎は全て、燃える五鈷杵のように見えます[*25]。この二体の仏は、片方の脚を曲げ、もう片方の脚をまっすぐに伸ばして、共に、角のはえた鷲が支える台座の上に立っています。そのような二体の仏があなたの前に現れて、眩い光であなたを照らします。この仏は、あなたの脳から現れたものです。恐れてはなりません。畏怖の念を抱いてはなりません。この仏は実際は、父でもあり母でもある尊い毘盧遮那仏なのです。それを認識できれば、瞬時に解脱に至ることができます。この仏を認識することができれば、あなたは、あなたの守り本尊に溶け込み、報身を得て仏の境地に至ることができるでしょう。

九日目

しかし、死者が恐怖や畏怖の念を抱いて逃げ出してしまった場合、九日目に、金剛部の仏たちが血をすすりながら迎えにやって来る。その場合は、死者の名前を呼んだあとに、次の教えを伝える。

善良なる者よ、気を散らさずに、よく聞いてください。金剛部から血をすすりながらやって来たのは、尊いヴァジュラ・ヘールカと呼ばれる仏です。ヴァジュラ・ヘールカは暗青色で、三つの頭、六本の腕を持っており、四本の脚で堂々と立っています。右手は、上の手に五鈷杵、中央の手に頭蓋骨の椀、下の手に戦斧を持ち、左手は、上の手に鈴、中央の手に頭蓋骨の椀、下の手に鋤の刃を持っています。ヴァジュラ・ヘールカの体は、母なる仏ヴァジュラ・クローデーシュヴァリーに抱かれています。ヴァジュラ・クローデーシュヴァリーは右手でヴァジュラ・ヘールカの首を抱え、左手には、なみなみと血をたたえた赤い貝殻を持っており、その貝殻をヴァジュラ・ヘールカの口元に運びます。この二体の仏が、あなたの脳の東の部分から現れて、あなたを照らします。恐れてはなりません。怯えてはなりません。畏怖の念を抱いてはなりません。この仏は、あなた自身の知性が形をとったものであると理解してください。この仏は実際は、父でもあり母でもある尊い金剛薩埵なのです。この仏を信じてください。この仏を認識できれば、瞬時に解脱に至ることができます。この仏を認識し、あなたの守り本尊であると理解することができれば、あなたはその仏に溶け込み、仏の境地に至ることができるでしょう。

十日目

しかし、この世で働いた悪事の影響による障害が大きすぎて、死者がこの仏を認識できず、恐怖や畏怖の念を抱いて逃げ出してしまった場合、十日目に、宝部の仏たちが血をすすりながら迎えにやって来る。その場合は、死者の名前を呼んだあとに、次の教えを伝える。

[*25] 川崎訳では毛が五鈷杵形。

善良なる者よ、聞いてください。十日目に、宝部から血をすすりながらやって来るのは、ラトナ・ヘールカと呼ばれる仏です。ラトナ・ヘールカは黄色で、三つの頭、六本の腕を持っており、四本の脚で堂々と立っています。右の顔は白色、左の顔は赤色、中央の顔は暗黄色です。体からは輝く炎を発しています。右手は、上の手に宝石、中央の手に三叉の矛、下の手に杖を持ち、左手は、上の手に鈴、中央の手に頭蓋骨の椀、下の手に三叉の矛を持っています。ラトナ・ヘールカの体は、母なる仏ラトナ・クローデェーシュヴァリーに抱かれています。ラトナ・クローデェーシュヴァリーは右手でラトナ・ヘールカの首を抱え、左手には、なみなみと血をたたえた赤い貝殻を持っており、その貝殻をラトナ・ヘールカの口元に運びます。この二体の仏が、あなたの脳の南の部分から現れて、あなたを照らします。恐れてはなりません。怯えてはなりません。畏怖の念を抱いてはなりません。この仏は、あなた自身の知性が形をとったものであると理解してください。この仏はあなたの守り本尊なのですから、恐れてはなりません。この仏は実際は、父でもあり母でもある尊い宝生如来なのです。この仏を信じてください。この仏を認識できれば、瞬時に解脱に至ることができます。

　　この仏を認識し、あなたの守り本尊であると理解することができれば、あなたはその仏に溶け込み、仏の境地に至ることができるでしょう。

十一日目

　しかし、このように教えを受けても、生前からの記憶（習気）の悪影響のために、死者がこの仏が守り本尊であることを認識できず、恐怖や畏怖の念を抱いて逃げ出してしまった場合、十一日目に、蓮華部の仏たちが血をすすりながら迎えにやって来る。その場合は、死者の名前を呼んだあとに、次の教えを伝える。

　　善良なる者よ、十一日目には、蓮華部から、尊いパドマ・ヘールカと呼ばれる仏が血をすすりながらやって来ます。パドマ・ヘールカは暗赤色で、三つの頭、六本の腕を持っており、四本の脚で堂々と立っています。右の顔は白色、左の顔は青色、中央の顔は暗赤色です。右手は、上の手に蓮華、中央の手に三叉の矛、下の手に棍棒を持ち、左手は、上の手に鈴、中央の手になみなみと血をたたえた頭蓋骨の椀、下の手に小さな太鼓を持っています。パドマ・ヘールカの体は、母なる仏パドマ・クローデェーシュヴァリーに抱かれています。パドマ・クローデェーシュヴァリーは右手でパドマ・ヘールカの首を抱え、左手には、なみなみと血をたたえた赤い貝殻を持っており、その貝殻をヴァジュラ・ヘールカの口元に運びます。父なる仏と母なる仏が、一体となっているのです。この二体の仏が、あなたの脳の西の部分から現れて、あなたを照らします。恐れてはなりません。怯えてはなりません。畏怖の念を抱いてはなりません。喜ぶべきことなのです。この仏は、あなた自身の知性が形をとったものであると理解してください。この仏はあなたの守り本尊なのですから、恐れてはなりません。この仏は実際は、父でもあり母でもある尊い阿弥陀如来なのです。この仏を信じてください。この仏を認識できれば、瞬時に解脱に至ることができます。この仏を認識し、あなたの守り本尊であると理解することができ

れば、あなたはその仏に溶け込み、仏の境地に至ることができるでしょう。

十二日目

　このように教えを受けても、生前からの記憶（習気）の悪影響のために前に進めず、恐怖や畏怖の念を抱いてしまい、仏を認識できずに逃げ出してしまうことがあるかもしれない。そのようなときは、十二日目に、羯磨部の仏たちが血をすすりながら、ガウリー、ピシャーチー、イシュヴァリーを従えて、迎えにやって来る。この仏たちを認識することができない場合、死者は恐怖心を抱くかもしれない。その場合は、死者の名前を呼んだあとに、次の教えを伝える。

　　善良なる者よ、十二日目には、羯磨部から、カルマ・ヘールカと呼ばれる仏が血をすすりながらやって来ます。カルマ・ヘールカは暗緑色で、三つの頭、六本の腕を持っており、四本の脚で堂々と立っています。右の顔は白色、左の顔は赤色、中央の顔は深緑色です。右手は、上の手に剣、中央の手に三叉の矛、下の手に棍棒を持ち、左手は、上の手に鈴、中央の手に頭蓋骨の椀、下の手に鋤の刃を持っています。カルマ・ヘールカの体は、母なる仏カルマ・クローデェーシュヴァリーに抱かれています。カルマ・クローデェーシュヴァリーは右手でカルマ・ヘールカの首を抱え、左手には赤い貝殻を持っており、その貝殻をカルマ・ヘールカの口元に運びます。父なる仏と母なる仏が、一体となっているのです。この二体の仏が、あなたの脳の北の部分から現れて、あなたを照らします。恐れてはなりません。怯えてはなりません。畏怖の念を抱いてはなりません。この仏は、あなた自身の知性が形をとったものであるということを理解してください。この仏はあなたの守り本尊なのですから、恐れてはなりません。この仏は実際は、父でもあり母でもある尊い不空成就如来なのです。この仏を信じてください。信仰心を持ってください。そしてこの仏に心を寄せてください。この仏を認識できれば、瞬時に解脱に至ることができます。この仏を認識し、あなたの守り本尊であると理解することができれば、あなたはその仏に溶け込み、仏の境地に至ることができるでしょう。

　　師僧から大切な教えを聞くことで、その仏はあなた自身の知性の中から現れた、あなたの意識の投影だということを認識することができるようになります。例えば、獅子の皮を獅子の皮だと認識できれば、恐怖から解放されるようなものです。獅子の皮をかぶったものを見たときに、実は獅子の皮をかぶっているのだということを知らなければ、恐怖心が生まれます。しかし、それは単に獅子の皮をかぶっているに過ぎないのだということを誰かに教えてもらえば、恐怖心はなくなります。ここでも同様に、大きな体で、多くの腕と脚を持った仏の一団が、血をすすりながら、大空を埋め尽くすような大群で現れたときに、恐怖や畏怖の念を抱くのは自然なことです。しかし、教えを聞くことで、その仏の一団は自分自身の守り本尊であり、自分自身の意識の投影だということを認識できるようになります。生前に慣れ親しんだ眩い母なる光[26]と共に、その母なる光の子どもにあたる光がやって来ま

---

[26] チベット仏教徒が修行する光の瞑想トンデュ等で見た光。

す。その二つの光は仲の良い知り合い同士のように寄り添って現れ、やがて分かち
がたく一つに混ざり合います。そこから降り注ぐ光を浴びると、自ら理解し悟りを
得て、解脱に至ることができるのです。

十三日目

　この教えを受けることができなければ、この精神的発達の道においては、善人であって
も前に進むことができずに輪廻の世界に落ちてさまようことになる。すると、八体の女性
の忿怒尊ガウリーと、様々な動物の頭を持つピシャーチーが、死者自身の脳の中から現れ
て死者を照らす。その場合は、死者の名前を呼んだあとに、次の教えを伝える。

　　善良なる者よ、気を散らさずに、よく聞いてください。十三日目には、あなたの脳
　の東の部分から八体のガウリーが輝きながら現れて、あなたを照らします。恐れて
　はなりません。

　　あなたの脳の東の部分からは、白色のガウリーが、右手に棍棒として使うための
　人間の死体を、左手になみなみと血をたたえた頭蓋骨の椀を持って現れて、あなた
　を照らすでしょう。恐れてはなりません。

　　あなたの脳の南の部分からは、黄色のチャウリーが、矢をつがえた弓を持って
　やって来ます。脳の西の部分からは、赤色のプラモーハーが、海の幻獣レヴィアタ
　ンが描かれた旗を掲げてやって来ます。脳の北の部分からは、黒色のヴェーター
　リーが、五鈷杵となみなみと血をたたえた頭蓋骨の椀を持ってやって来ます。脳の
　南東の部分からは、赤色[*27]のプッカシーが、右手にはらわたを持ち、左手でそれを
　自分の口に詰め込みながらやって来ます。脳の南西の部分からは、暗緑色のガスマ
　リーが、左手になみなみと血をたたえた頭蓋骨の椀を持ち、右手に持った五鈷杵で
　かき混ぜ、それを勢いよく飲みながらやって来ます。脳の北西の部分からは、黄白
　色のチャンダーリーが、死体から頭を引きちぎり、右手に心臓を持ち、左手で胴体
　を自分の口に詰め込み、食べながらやって来ます。脳の北東の部分からは暗青色の
　シュマシャーニーが、死体から頭を引きちぎり、胴体を食べながらやって来ます。
　これら八方位からやって来る八体のガウリーが、血をすすりながらやって来る五体
　のヘールカを取り囲むようにして現れ、あなたを照らします。しかし、恐れてはな
　りません。

　　善良なる者よ、ガウリーが現れた脳の部位より外側の、八つの部分から、八体の
　ピシャーチーが現れて、あなたを照らします。東側からは、獅子の頭をもつ暗茶色
　のピシャーチーが、胸の前で両腕を交差させ、口に死体をくわえ、たてがみを震わ
　せながらやって来ます。南側からは、虎の頭をもつ赤色のピシャーチーが、下の方
　で両腕を交差させ、歯をむき出して牙を見せ、飛び出した目であなたを見つめなが
　らやって来ます。西側からは、狐の頭をもつ黒色のピシャーチーが、右手に剃刀を
　持ち、左手でつかんだはらわらを食べながら、そして、その血を舐めながらやって
　来ます。北側からは、狼の頭をもつ暗青色のピシャーチーが、両手で死体を引き

---

*27 川崎訳「赤黄色」。

裂き、飛び出した目であなたを見つめながらやって来ます。南東側からは、鷲の頭をもつ黄白色のピシャーチーが、巨大な人間の形の死体を肩に担ぎ、頭蓋骨を手に持ってやって来ます。南西側からは、墓地に住む鳥[*28]の頭をもつ暗赤色のピシャーチーが、巨大な死体を肩に担いでやって来ます。北西側からは、烏の頭をもつ黒色のピシャーチーが、左手に頭蓋骨の椀、右手に剣を持ち、心臓と肺を食べながらやって来ます。北東側からは、暗青色のピシャーチーが、右手に五鈷杵を持ち、左手に持った頭蓋骨の椀を食べながらやって来ます。

　これらの八体のピシャーチーが、あなたの脳の八つの部分から、血をすすりながらやって来る五体の父なるヘールカを取り囲むようにして現れ、あなたを照らします。恐れてはなりません。これらの仏は、あなた自身の知性が形をとったものであるということを理解してください。

十四日目

　善良なる者よ、十四日目には、門を守る四体の女性の仏が、あなた自身の脳から現れてあなたを照らします。この門を守る仏を認識するように努力してください。あなたの脳の東の部分からは、虎[*29]の頭をした白色の仏が、突き棒を持って現れます。左手には、なみなみと血をたたえた頭蓋骨の椀を持っています。あなたの脳の南の部分からは、雌豚の頭をした黄色の仏が、輪縄を持って現れます。あなたの脳の西の部分からは、獅子の頭をした赤色の仏が、鉄の鎖を持って現れます。あなたの脳の北の部分からは、蛇の頭をした緑色の仏が、鈴を持って現れます。これらの門を守る四体の女性の仏も、あなた自身の脳から現れて、あなたを照らします。彼らがあなたの守り本尊であるということを理解してください。

　善良なる者よ、三十体の忿怒尊ヘールカを取り囲むようにして、二十八体の強力な女性の仏が現れます。彼らは様々な生き物の頭をもち、様々な武器を携えて、あなた自身の脳から現れて、あなたを照らします。恐れてはなりません。あなたを照らしにやって来る仏たちは、あなたの知性が形をとったものであるということを理解してください。この極めて重要なときに、師僧から聞いた大切な教えを思い出さなくてはなりません。

　善良なる者よ、東から、ヤクの頭をした暗褐色のラークシャシーが、五鈷杵と頭蓋骨を手に持ち、蛇の頭をした赤黄色のブラフミー[*30]が、蓮華を手に持ち、豹の頭をした暗緑色の偉大なる仏が、三叉の矛を手に持ち、猿[*31]の頭をした青色の尋問の仏が、法輪を手に持ち、雪熊（Snow Bear）の頭をした赤色の清浄なる仏が、短槍を手に持ち、熊の頭をした白色のインドラーニー[*32]が、輪にしたはらわたを手に持って現れます。これらの六体の東のヨーギニーが、あなた自身の脳の東の部分

[*28] 鳥葬の習慣がある伝統チベットでは「禿鷹」のことである。

[*29] 川崎訳「馬」。

[*30] 原典に Brahma とあるが女性である。

[*31] 川崎訳「イタチ」。

[*32] 原典に Indra とあるが女性である。

から現れて、あなたを照らします。恐れてはなりません。

　善良なる者よ、南から、蝙蝠の頭をした黄色の歓喜の仏が、剃刀を手に持ち、マカラ魚（摩竭魚）の頭をした赤色の静寂の仏が、壺を手に持ち、蠍の頭をした赤色のアムリタが、蓮華を手に持ち、鳶の頭をした白色の月の仏が、五鈷杵を手に持ち、狐の頭をした暗緑色の杖の仏が、手にした棍棒を振り回しながら、虎の頭をした暗黄色のラークシャシーが、なみなみと血をたたえた頭蓋骨を手に持って現れます。これらの六体の南のヨーギニーが、あなた自身の脳の南の部分から現れて、あなたを照らします。恐れてはなりません。

　善良なる者よ、西から、禿鷲の頭をした暗緑色の捕食者たる仏が、杖を手に持ち、馬の頭をした赤色の歓喜の仏が、巨大な死体の胴体を手に持ち、鷲の頭をした白色の力の仏が、棍棒を手に持ち、犬の頭をした黄色*33のラークシャシーが、五鈷杵と剃刀を手に持ち、剃刀で切り付けながら、ヤツガシラの頭をした赤色の欲望の仏が、矢をつがえた弓を手に持ち、雄鹿の頭をした緑色の富の守護者たる仏が、壺を手に持って現れます。これらの六体の西のヨーギニーが、あなた自身の脳の西の部分から現れて、あなたを照らします。恐れてはなりません。

　善良なる者よ、北から、狼の頭をした青色の風の仏が、旗を手に持ち、アイベックスの頭をした赤色の女性の守護者たる仏が、尖った杭を手に持ち、雌豚の頭をした黒色の雌豚の仏が、牙をつないだ輪を手に持ち、烏の頭をした赤色の雷電の仏が、幼子の死体を手に持ち、象の頭をした暗緑色の鼻の長い仏が、巨大な死体を手に持って、頭蓋骨の椀の血をすすりながら、蛇の頭をした青色の水の仏が、輪にした蛇を手に持って現れます。これらの六体の北のヨーギニーが、あなた自身の脳の北の部分から現れて、あなたを照らします。恐れてはなりません。

　善良なる者よ、門を守る四体の女性の仏、ヨーギニーが、あなたの脳から現れます。東からは、カッコウの頭をした黒色の神秘の仏が、鉄鉤を手に持ち、南からは、山羊の頭をした黄色の神秘の仏が、輪縄を手に持ち、西からは、獅子の頭をした赤色の神秘の仏が、鉄の鎖を手に持ち、北からは、蛇の頭をした暗緑色の神秘の仏がやって来ます。これらの仏は、あなたの脳から現れて、あなたを照らします。

　これらの二十八体の強力な女性の仏は、六体のヘールカと同様に、宝生如来が姿を変えて現れたものなのです。この仏たちを正しく認識してください。

　善良なる者よ、寂静尊は、法身の空から生じるものです。寂静尊を正しく認識してください。忿怒尊は、法身の輝きから生じるものです。忿怒尊を正しく認識してください。

　この段階では、あなた自身の脳から、五十八体の仏が血をすすりながら現れて、あなたを照らします。この仏たちが、あなた自身の知性の発する輝きであることを理解できれば、あなたは瞬時に、血をすする仏たちに溶け込み、仏の境地に至ることができるでしょう。

　善良なる者よ、この段階において悟りを得ることができず、恐怖に駆られて逃げ

---

*33 川崎訳「赤」。

出してしまった場合、あなたは再び苦難に襲われることになります。それを知らずに、血をすする仏たちを恐れてしまった場合、その人は恐怖や畏怖の念を抱き、気を失ってしまうのです。その人の意識が形作っていた仏たちは、偽りの姿へと形を変えます。そしてその人は、輪廻の世界に迷い込んでしまうのです。恐怖や畏怖の念を抱くことがなければ、輪廻の世界に迷い込むことはありません。

　寂静尊と忿怒尊のうちで最も大きなものは、広大な天と同じくらい大きく、中くらいのものは須弥山と同じくらい、最も小さなものでも、あなたの体を十八体積み重ねたくらいの大きさがあります。それを見ても、恐れてはなりません。畏怖の念を抱いてはなりません。神聖な光り輝く仏として、また、神聖な光として現れているものは全て、あなた自身の知性から生じたものだと認識することができるなら、そのことを悟った瞬間に、あなたは仏の境地に至ることができるでしょう。「一瞬で仏の境地に至ることができる」と言われていますが、それはまさに、この瞬間を指しています。このことを忘れずにいた人は、光の中に溶け込み、報身を得て、仏の境地に至ることができるのです。

　善良なる者よ、どれほど恐ろしく、畏怖の念を呼び起こすようなものを目にしようとも、それはあなた自身の意識が形をとったものに過ぎません。

　善良なる者よ、あなたが、正しく認識することができずに恐怖心を抱いてしまった場合、寂静尊は全て、光り輝くマハーカーラ（大黒天）の姿で現れ、忿怒尊は全て、光り輝く死の王ダルマラージャの姿で現れます。あなた自身の意識が形作っていたものは、偽りの姿やマラ（悪神）へと形を変え、あなたは輪廻の世界に迷い込んでいくことになるでしょう。

　善良なる者よ、どれほどスートラとタントラの両経典*34に精通していて、長期間にわたって祈り、実践を積んでいたとしても、もしその人が自分自身の意識が形作るものを正しく認識できないのであれば、その人は仏の境地に至ることはないでしょう。自分の意識が形作るものを正しく認識することができるならば、一つの重要な技術を用いるだけで、あるいは一つの言葉を言うだけで、仏の境地に至ることができるのです。

　死の直後に、自分自身の意識が形作るものを認識できない場合、本質と出会う中有（チョニエ・バルト）において、複数の死の王ダルマラージャが姿を現します。死の王ダルマラージャのうちで最も大きなものは、広大な天と同じくらい大きく、中くらいのものは須弥山と同じくらい、最も小さなものでも、あなたの体を十八体積み重ねたくらいの大きさがあります。そのようなダルマラージャたちが現れて、全世界を埋め尽くすのです。彼らは上の歯で下唇を噛みしめ、虚ろな目をして、頭の上で髪を束ね、腹が膨らみ、腰がくびれています。手には死者の業を記録した板を持ち、口からは「殴れ、殺せ」という声が聞こえます。彼らは人間の脳を舐め、血をすすり、胴体から頭を引きちぎり、心臓をえぐり出しながら現れて、世界を埋め尽くします。

---

*34 川崎訳「顕教と密教の教え」。

善良なる者よ、自分の意識がこのような形で現れたとしても、恐れてはなりません。怯えてはなりません。あなたが今持っている体は、あなたの生前からの記憶（習気）によって作られた、意識でできた身体（意成身）であり、殺されて切り刻まれたとしても死ぬことはないのです。あなたの体は実際には空なのですから、恐れる必要はありません。死の王たちの体もまた、あなた自身の知性の輝きから生まれたものであって、実体ではないのです。空の体が、空の体を傷付けることはできません。全てはあなた自身の知性の投影です。寂静尊や忿怒尊、血をすする仏、様々な生き物の頭をした仏、虹色の光、死の王の恐ろしい姿、そのように見えるものは全て、実際には存在していないのです。これは、疑いのないことです。このことを理解すれば、あらゆる恐怖が自然と消え失せます。そしてあなたは仏に溶け込み、仏の境地に至ることができるでしょう。

　こういったことを理解できれば、あなたは、自分の守り本尊を信じ、守り本尊に心を寄せることができるでしょう。中有の難所にあるあなたを救い出すために、あなたの守り本尊が来てくれたのだと信じることができるでしょう。それができたら、「私は、私の守り本尊に帰依します」と念じてください。そして、三宝（仏・法・僧）を思い起こし、三宝に心を寄せ、三宝を信じてください。あなたの守り本尊がどの仏であれ、その仏のことを思ってください。その仏の御名を呼んで、次のように祈ってください。

「ああ、私は中有をさまよっています。私を助けに来てください。
　私を守ってくださる仏様、あなたの慈悲で、私をお救いください。」

　あなたに教えを授けてくれた師僧の御名を呼んで、次のように祈ってください。

「ああ、私は中有をさまよっています。私を助けてください。
　どうか慈悲深く、私を見捨てずにいてください。」

　血をすする仏たちのことも信じて、次のように祈りを捧げてください。

「ああ、私は幻影の圧倒的な力のために輪廻の世界をさまよっています。
　恐怖や畏怖を捨て去ることができる、光が輝く道に
　尊い寂静尊と忿怒尊が導いてくださいますように。
　天を埋め尽くす母なる忿怒尊が、私を後ろからお守りくださいますように。
　中有の難所を無事に乗り切ることができますように。
　完全な仏の境地にたどり着くことができますように。
　私は、親しい友人たちから遠く離れ、一人でさまよっています。
　ここでは、私自身の意識から、実体を伴わないものが生まれ、輝いています。
　どうか仏様が、慈悲の力で
　中有において、恐怖や畏怖の念に捕らわれないようにしてくださいますように。
　ここでは、五つの叡智の光が、明るく輝いています。
　恐怖や畏怖の念に捕らわれずに、悟りを得ることができますように。

ここでは、寂静尊と忿怒尊の神聖な御体が、光り輝いています。
　恐怖を確実に捨て去り、中有を正しく認識することができますように。
　私は悪業の力のために、苦難に襲われています。
　私の守り本尊が、この苦難を取り除いてくださいますように。
　ここでは、本質の発するありのままの音が、千の雷鳴のように轟いています。
　この音が祈りの六音節に変わりますように。
　ここでは、私は誰にも守られず、業に従うしかありません。
　慈悲深く憐れみ深い仏様が、私を守ってくださいますように。
　私は、業と生前からの記憶とのために、苦難に襲われています。
　至福の眩い光が差してきますように。
　五つの元素が、敵として向かってくることがありませんように。
　五仏の世界を見ることができますように。」

　このように、深い信仰の心をもって祈りを捧げてください。そうすれば、恐怖は消え失せ、報身を得て、確実に仏の境地に至ることができるでしょう。この点が非常に重要です。心を散らすことなく一心に、三遍もしくは七遍、唱えてください。
　悪業の影響がどれほど強くても、あるいは、業の影響をほとんど受けない人であっても、正しい認識さえできれば、解脱を得ることは不可能ではありません。しかし、この中有の段階であらゆる手を尽くしたにも関わらず、まだ正しい認識に至らない場合には、その人はさらにさまよい、三番目の中有（シパ・バルド）にまで行ってしまう危険性があります。その段階で必要となる教えについては、第二巻に詳しく記します。

結語：中有の教えが重要であり不可欠であること

　仏教の実践を徹底的に行ってきた者も、限定的な実践しか行ってこなかった者も、死の瞬間には、様々な幻覚に惑わされる。それゆえ、この『聴聞による解脱についての大経典』が不可欠なのである。
　十分な瞑想を行ってきた者は、体と意識が分離した瞬間に、真実を目にすることができる。そのためには、生きている間に経験を積むことが重要である。生前に経験を積んできた者は、自分自身の意識の本質を理解しているため、死の瞬間の中有において眩い光が現れたときに、大きな力に支えられる。
　同様に、生前に、密教の仏たちを思いながら、視覚化の段階と完了の段階の瞑想を行ってきた者は、本質と出会う中有（チョニエ・バルド）において寂静尊と忿怒尊が現れたときに、大きな力に支えられる。生きている間に、中有についてのこの教えを学び、実践を積むことが、極めて重要だということである。『聴聞による解脱についての大経典』を所持し、読み、記憶し、しっかりと心に刻むことだ。毎日、三遍読むべきである。経典内の語句を正確に読めるようにし、その意味を明確に理解しなくてはならない。百人の死刑執行人に追われるようなことがあっても、経典内の語句とその意味を忘れてはならない。
　本経典が『聴聞による解脱についての大経典』と呼ばれるのは、たとえ五つの大罪を犯

した罪人であっても、耳からこの経典を聞くことによって、確実に解脱に至ることが可能であるためだ。だからこそ、この経典を多くの人々の前で読むべきなのである。この経典を、人々に広めるべきなのである。生前に一度でも耳にしていれば、そのときは内容を理解できていなかったとしても、中有において、一語も漏らさずに思い出すことができる。中有においては、知性が生前の九倍にも冴え渡るためである。それゆえ、この経典を、生きている全ての人々の耳に届くようにしなければならない。全ての病人の枕元で、この経典を読むべきである。全ての死者の傍で、この経典を読むべきである。この経典を、広めなくてはならない。

この教えに出会った者は、実に幸運だ。多くの善行を積み、多くの障害を取り払ってきた者でなければ、この教えに出会うことは難しい。そして、たとえ出会うことができたとしても、この教えを理解することは難しい。この教えを聞き、疑念を抱かずにただ信じることによって、解脱に至ることができる。この教えを大切にすることである。この教えは、あらゆる教えの神髄なのだ。

以上が、「聞くだけで解脱を得られる教え（経典）と身に付けるだけで解脱を得られる教え（護符）」と呼ばれる、本質と出会う中有に関する教えの内容である。

翻訳者あとがき

死後に魂はどこへ行くのか。様々な人が、様々な立場で取り組んできた大きなテーマです。コロナ禍で世界が何とも言えない空気に覆われる中、この深いテーマについて考え続けた時間は、非常に独特なものでした。多くの皆様にこの世界観をご体験いただけるよう、読みやすい現代日本語で訳すことを何よりも優先しました。

今回の翻訳にあたっては、平田博満、標珠実、保田和代、根本ミツ、深井悠、藤田キミ、波多野理彩子、山中眞仁、髙﨑加奈子、朝野美里、西田通子、池田暁子、木村彰子、熊谷加奈子の諸氏に、下訳者としてご参加いただきました。入念な下調べ、考え抜かれた訳語の提示に、心から感謝致します。特に、チベット仏教に詳しい翻訳家の平田博満氏、宗教史に詳しい翻訳家の標珠実氏には、大いに助けられました。また、出版に際しては暗黒通信団のシ氏、五代幻人氏にご尽力いただきました。改めて感謝申し上げます。

抄訳 チベット死者の書

2023 年 8 月 13 日 初版 発行

原 題	The Tibetan Book of the Dead
原著者	Walter Evans-Wentz （ウォルター・エヴァンス・ヴェンツ）
翻訳者	豊島 実和 （とよしま みわ）
監訳者	田野尻 哲郎 （たのじり てつろう）
発行者	星野 香奈 （ほしの かな）
発行所	同人集合 暗黒通信団 （https://ankokudan.org/d/）
	〒277-8691 千葉県柏局私書箱 54 号 D 係
本 体	300 円 / ISBN978-4-87310-267-2 C0015

Σ 乱丁・落丁は在庫がある限りお取り替えいたします。